ProSt

=

Provokativer Stil

ProSt 1x1 von A-Z

Elisabeth Eberhard
Hans-Ulrich Schachtner

ProSt*

=

Provokativer Stil

ProSt 1x1 von A-Z

* ProSt steht für paradox-provokativer Stil, der drit-
ten Ebene der Einflussnahme. Das Konzept der »**Vier**
Ebenen der Einflussnahme« *stammt vom Diplompsy-*
chologen Hans-Ulrich Schachtner, der das Kürzel „ProSt"
für diese Art zwischenmenschlicher Einflussnahme prägte
und seit 1982 bekannt machte.

© Harmony Balance Edition

Einleitung und Nachwort von Hans-Ulrich Schachtner
Covergestaltung: Hans-Ulrich Schachtner

2. Auflage August 2012
ISBN 978-3-939924-19-7

Verlag Harmony Balance Edition
Fehn am Bach
83734 Agatharied

www.HarmonyBalance.de
info@HarmonyBalance.de

Haftungsausschluss

Der Verlag und die Autoren übernehmen keine Haftung für Vollständigkeit und Richtigkeit der gemachten Angaben. Alle Angaben erfolgen ohne Gewähr.

Die erfolgreiche Anwendung des in diesem Buch erwähnten „**ProSt**" (= **Pro**vokativen Kommunikations**St**il) wird nicht garantiert. Eine Haftung des Verlags und der Autoren bzw. seiner Beauftragten für Personen-, Sach- und Vermögensschäden ist ausdrücklich ausgeschlossen. Auch übernehmen wir keinerlei Verantwortung für Ihr Tun und die etwaigen Folgen. Sie tragen die volle Verantwortung für Ihr eigenes emotionales und körperliches Wohlergehen sowohl während des Lesens als auch danach.

Unsere Absicht ist es allein, Informationen allgemeiner Art anzubieten, um zu helfen und in einem gemeinsamen Streben nach Gesundheit zu kooperieren. Falls man Informationen aus diesem Buch für sich anwenden möchte, behandelt man sich selbst, was ein freies Recht ist.

Danksagung

Ein herzliches Dankeschön an meinen Partner, Hans-Ulrich Schachtner, denn durch ihn wurde ich auf den von ihm praktizierten „ProSt" (Provokativer Stil) aufmerksam. Wir hatten während eines Zeitraums von ca. 20 Jahren viele Gespräche über „ProSt". Das Ergebnis haben Sie nun in Ihren Händen.

Auch ein Dankeschön an Frank Farrelly und an den im therapeutischen Kontext ersten Provokateur, Dr. Milton Erickson. Ein besonderer Dank an den deutschen Philosophen, Arthur Schopenhauer, der entscheidend dazu beitrug, dass es nach „ProSt" nun den weiblich geprägten „MagSt" (Magischer UmgangsStil) gibt.

Vielen Dank auch an all die anderen sichtbaren und unsichtbaren Helfer und vor allem auch ein großes Dankeschön an unseren Schöpfer, denn sie inspirierten uns alle.

Einen herzlichen Dank auch an Sie, weil Sie Interesse daran zeigen Ihr Leben und das Ihrer Nächsten durch den Einsatz provokativer Therapie-Elemente zum Wohle der Gemeinschaftsförderung gestalten zu wollen.

Inhaltsverzeichnis

Einige Hintergrundinformationen [1]

Urheber provokativer Elemente in der Therapie

Dr. Milton Erickson war in den 50er Jahren schon bekannt als ungewöhnlicher, einfühlsamer und achtsamer Therapeut. Als erfolgreicher Hypnotherapeut reichte sein Ruf bald über die USA hinaus und seine Art der Therapie ist heute weltweit bekannt.

Dr. Erickson hatte ein außergewöhnliches Talent Klienten vielschichtig wahrzunehmen, ihre Emotionen und Gedanken intuitiv zu erfassen. Er erspürte schnell, wie er sie einer Veränderung zugänglich machen konnte. Auf hypnotische - und keineswegs nur sanftbehutsame - Weise brachte er Patienten dazu manchmal geradezu bizarre Verhaltensrituale auszuführen, die ihnen dann Heilung brachten. Manchmal fand er es nötig jemanden auch drastischdirekt gerade heraus zu konfrontieren und zu provozieren. „I've been accused of my therapy being blunt" sagte er in einem Interview mit einem schelmischen Lächeln.

Hans-Ulrich Schachtner war der erste deutsche Psychotherapeut, der Dr. Erickson 1976 (4 Jahre vor seinem Tod) besuchte. Nach einem kurzen Kennenlernen lud Milton ihn ein bei ihm zu wohnen und ermöglichte ihm seinen Therapiesitzungen beizuwohnen. Im Folgejahr erhielt Hans-Ulrich sogar die Erlaubnis den Meister der hypnotischen Umgangsweise auf Video aufzuzeichnen (Informationen zum DVDPaket „Dr. Milton Erickson live" im Anhang). Im Austausch für diese Großzügigkeit machte ihn H.-U. Schachtner durch Buchübersetzung, Artikel und viele Seminare im deutschsprachigen Raum bekannt. Er war Hauptinitiator für die Gründung der ersten Milton-Erickson-Gesellschaft (nach Fusion *„M.E.G. für Klinische Hypnose"*).

---

[1] Der Text „Einige Hintergrundinformationen" ist geschrieben von Elisabeth Eberhard.

H.-U. Schachtner erlebte Dr. Erickson als Therapeut in einer Zeit, in der Milton schon sehr geschwächt und milde war aufgrund seiner, seit seiner Kindheit bestehenden Krankheiten. Durch Gespräche mit seiner Frau Betty und der vielen Geschichten Erickson's bekam H.-Ulrich Schachtner jedoch auch einen lebendigen Eindruck von Erickson's kraftvollen Jahren. Milton hatte (laut Auskunft seiner Frau) zu dieser Zeit den Ruf eines Therapeuten, der machmal sehr direkt und provokativ sein konnte.

Erickson dürfte der erste Psychotherapeut gewesen sein, der systematisch ausgeprägt provokative Elemente in die Behandlung psychischer Störungen einbrachte. Bemerkenswert daran ist, dass er sich das zu einer Zeit erlaubte, in der non-direktives Vorgehen und „vornehme" Zurückhaltung zur geforderten Professionalität in der Therapie gehörten. In der Literatur finden sich viele Fallbeispiele, die zeigen wie gekonnt Erickson provokative Elemente zum Nutzen seiner Patienten einsetzte.

Vertreter provokativer Techniken in der Nachfolge

Milton Erickson inspirierte auch viele Therapeuten. Vermutlich direkt oder indirekt Carl Roger und seine Schüler (somit vielleicht auch Frank Farrelly). Der ehemalige Sozialarbeiter Frank Farrelly arbeitete 17 Jahre lang in einem Krankenhaus in Wisconsin (USA) in einer geschlossenen psychiatrischen Abteilung mit Mördern, Kinderschändern, Schizophrenen, Manisch-Depressiven und anderen schwer gestörten Klienten. Er ging zunächst im Rogers'schen Therapiestil gesprächstherapeutisch vor, doch irgendwann „platzte ihm der Kragen", als er bei einem Klienten sogar nach 90 Stunden noch keinerlei Veränderung feststellen konnte. Er probierte es dann mit fast schon brutaler Ehrlichkeit und siehe da, das wirkte!

Frank Farrelly machte Schluss mit dem „Gut-Zureden", mit den aufbauenden und ermutigenden Worten, auch mit dem geduldigen Zuhören. Stattdessen stellte er sich voll auf die pessimistische Seite seines depressiv-lethargischen Klienten ein und sagte ihm deutlich und ungeschminkt seine Meinung, ohne sich ein Blatt vor den Mund zu nehmen. Im Prinzip meldete Frank dem Klienten genau das zurück, was dieser ohnehin von sich dachte und was bisher kein Therapeut so direkt und unverblümt auszusprechen wagte. Zu Frank's Überraschung fühlte sich der Klient nun zum ersten Mal in seiner Patienten-"Karriere" verstanden.

Der Bann war gebrochen und eine Brücke des Verständnisses zwischen Therapeut und Klient errichtet. Das war der entscheidende Impuls, der nötig gewesen war um den Patienten aufzurütteln und endlich veränderungsbereit zu machen. Dieses Schlüsselerlebnis bewirkte bei Frank Farrelly, dass er vollends Abschied nahm von der Rogers'schen Therapieweise und begann seine eigene zu entwickeln. Er nannte sie „Provocative therapy" und schrieb zusammen mit Jeff Brandsma das gleichnamige Buch.

Frank Farrelly bezeichnet seine therapeutische Arbeit als „Provokative Therapie", was wohl etwas zu weit gefasst ist, da es sich dabei weniger um eine in sich vollständige Therapieform mit Menschenbild, erklärender Theorie und einem philosophischen Weltbild handelt, so wie das die humanistischen Therapien, die Verhaltenstherapie und auch die Psychoanalyse vorweisen können. Es ist wohl mehr ein wirksamer Abschnitt einer Therapie, ein spezifischer Kommunikations-Stil, der in der therapeutischen Arbeit zu Beginn eingesetzt große Dienste leisten kann (sh. auch meine Rezension vom 20. April 2007 in www.Amazon.de zum Buch „Das wäre doch gelacht! Humor und Provokation in der Therapie").

In den USA war die Reaktion auf sein Buch, das 1974 erschien jedoch nur mäßig. Auch mit seinen Seminaren war ihm dort kein großer Erfolg beschieden.

1980 wurde H.-U. Schachtner auf das eben genannte Buch aufmerksam. Er erkannte das darin schlummernde Potential, weshalb gleich versuchte, Farrellys Adresse ausfindig zu machen, um ihn persönlich kennen zu lernen. Er besuchte im Winter 1981 Frank in Madison (USA), wohnte in seinem Haus und wurde bald gut Freund mit ihm. Weil H.-Ulrich Schachtner die provokative Umgangsweise gut gefiel, lud er Frank ein, sein therapeutisches Vorgehen in Deutschland vorzustellen. Hans-Ulrich Schachtner verfügt über vielfältige Kontakte (z.B. Gunther Schmidt, Bernhard Trenkle, Liz Lorenz-Wallacher und andere) und konnte daher schon im Sommer 1982 eine kleine „Seminartournee" starten (München, Heidelberg, Saarbrücken). Dies war sozusagen auch der Startschuss für Seminare in Österreich und Schweiz. Über viele Jahre hinweg organisierte er Workshops mit Frank mithilfe der dort lebenden Kollegen.

Damals begann der „Siegeszug" von Frank Farrelly. Nach einigen Jahren erfolgreicher Seminare im deutschsprachigem Raum wurde er bald auch in andere Länder eingeladen (z.B. Frankreich, Holland, England und schließlich Australien, Polen, Russland). Frank erwähnte Hans-Ulrich Schachtner des öfteren als den „Geburtshelfer" seines großen Erfolgs.

Wie entstand der Begriff „ProSt"? [2]

Ab 1982 machte sich H.U. Schachtner Gedanken über die Struktur und den Bauplan dieses provokativ-therapeutischen Stils, damit auch seine vielen ProSt-Seminarteilnehmern im deutschsprachigem Raum „ProSt" leichter erlernen können. Er destillierte die entscheidenden Merkmale, Strukturen und Methoden heraus. Dies führte zur Erkenntnis, dass diese Form der Kommunikation eine eigenständige Ebene der zwischenmenschlichen Einflussnahme

---

[2] Das Modell der „4 Ebenen der Einflussnahme" stammt von H.-U. Schachtner.

ist, den er „Paradox-provokativer Stil" taufte. Diese Bezeichnung verkürzte H. U. Schachtner zu **„Pr**ovokativer **St**il", für den er das Kürzel **„ProSt"** prägte[3]. Mittlerweile hat sich das Kürzel „ProSt" in Berater- und Therapeutenkreisen eingebürgert. „ProSt" ist stimmiger, da es sich nicht um eine „Provokative Therapie" handelt. Der Ausdruck „ProSt" trifft den Sachverhalt besser und vermeidet unnötige Missverständnisse.[4]

Was sind die Hauptmerkmale des „ProSt"?

Das Entscheidende am „ProSt" ist das liebevoll-wohlwollende „auf die Schippe nehmen". Das Heilsame dabei ist, dass der Klient eine neue, lockerere Sicht auf seine Probleme und die Misslichkeiten des menschlichen Daseins bekommt. Er „knackt" so die einseitige, festgefahrene Sicht des Klienten durch seine Provokationen. Die zentrale Erkenntnis, die hierbei zum Tragen kommt, stammt von dem Philosophen Epiktet, der erkannt hatte:

Nicht, was die Dinge objektiv und wirklich sind, sondern was sie für uns, in unserer Auffassung sind, macht uns glücklich oder unglücklich (Commovent homines non res, sed de rebus opiniones). Oder mit einfachen Worten: Nicht die Dinge an sich beunruhigen den Menschen, sondern seine Sicht der Dinge!

---

[3] Die anderen drei Ebenen der Einflussnahme heißen: 1. Ebene „Emotional-oppreissive Ebene", 2. Ebene: „Psychoedukative Ebene", 3. Ebene „Paradox-provokative Ebene" und 4. Ebene „Hypnotisch-suggestive Ebene" (sh. Schaubild Seite 33).

[4] 1996 versuchte H.-U. Schachtner beim Patentamt München das Kürzel „ProSt" markenrechtlich zu schützen, was aber bald nach der Markenanmeldung von einer Schweizer Firma moniert wurde. Frau Dr. Höfner gelang es sechs Jahre später den Begriff „Seminare zum Provokativen Stil (ProSt)" als Marke einzutragen. Doch das alleinstehende „Markennamen"-Kürzel „ProSt" ist in dieser Schreibweise für den provokativen Stil markenrechtlich nicht geschützt werden (was aber trotzdem immer mal wieder so verwendet wird).

Der ProSt-Anwender verhilft dem Anderen so zu einer Position des „Drüberstehens", indem er die skurrilen und widersinnigen Aspekte einer Situation herausstellt und ihn darüber zum Schmunzeln oder zum Lachen bringt. Dabei verunglimpft er keineswegs seinen Klienten oder Dritte, die im Problem des Klienten involviert sind (z.B. Mutter, Vater, Geschwister, Chef), sondern karikiert lediglich dessen *Sichtweise* bzw. sein *irrationales Verhalten*.

Das Erkennen der eigenen „verschrobenen" und oft sogar selbstschädigenden Gefühls-, Denk- und Verhaltensweisen löst beim Klienten das befreiende Lachen aus, das auch für das häufig vorkommende „Aha-Erlebnis" im ProSt-Bereich typisch ist. Um die Denkblockaden des Klienten zu durchbrechen, werden auf plakative Weise Tabus im Körper-, Sex- oder Geldbereich durchbrochen, jedoch immer darauf achtend, das Gegenüber dabei nicht zu verletzen.

Der Einsatz von ProSt ist immer dann verfehlt, wenn der andere *nicht* über sich, über seine Selbst- und Weltsicht zum Lachen gebracht wird und die Tabuverletzungen nur Peinlichkeit hervorrufen. Dann können die Provokationen sogar schädigend wirken und rufen ein eher nervöses oder sogar „peinlich-berührtes" Lachen hervor. Bei ProSt-Demonstrationen auf der Bühne kommt das leider öfter vor. Der/die TherapeutIn steht unter dem Druck das Publikum zu amüsieren und greift deshalb zu billigen Mitteln wie Kraftausdrücken und Fäkalsprache, weil das leider immer noch den sicheren (momentanen) Lacherfolg bringt. Auch der Klient fühlt sich meist in einer Art „Bringschuld", da er Zeit und Aufmerksamkeit für sich beansprucht, die Zuschauer nicht enttäuschen möchte und macht deshalb die Show mit. Gott sei Dank sind bei solchen Demonstrationen keine wirklich leidenden Patienten involviert, sondern Freiwillige aus dem Publikum, das ja meist aus Beratern und TherapeutInnen besteht. Eine realistische Sicht vom wahren Wert des „Provokativen Stils" kann man daraus sicherlich nicht beziehen.

Ich beobachtete auf ProSt-Lehrveranstaltungen, dass ein „Klient" zwar während des Gesprächs noch „gute Miene zum Spiel" machte, sich nach der Demonstration jedoch schlecht und energetisch miserabel fühlte. Die Betroffenen teilten mir dies im persönlichen Gespräch mit, das ich manchmal kurz danach, manchmal erst nach Wochen mit ihnen führte.

Es gibt gottlob auch mehr als genug Fälle, bei denen sich der Einsatz des ProSt als hilfreich erwiesen hat [5]. Es kommt eben hier wie auch in anderen Bereichen auf die Qualität des Anwenders an, auf seine Werte, seinen Charakter, denn all dies fließt unweigerlich mit ein in den Beratungsprozess.

Wenn der Anwender sich auf Kosten seines Klienten oder über Nichtanwesende lustig macht und dies womöglich noch in vulgärer Sprache, dann kann der „Gute Draht" schnell abreissen. Ein Nutzen ist meiner Erfahrung nach dann nicht mehr zu erwarten.

Einen weiteren sehr bedenklichen Fall erlebte ich in einer Demonstration, wo Frank zwar provokativ übertrieben zum unmoralischen Ausnutzen eines Dritten riet. Die Klientin nahm dies aber für „bare Münze" und fühlte sich berechtigt, danach zu handeln. Bei einem solchen Mangel an Gespür für Ironie ist vom Gebrauch der ProSt-Mittel abzuraten.

Ein weiterer Fall: Hier wurde provokativ zum Lügen, nach dem „Mund reden" und Ausnutzen geraten. Leider aber auch in diesem Fall wieder zu wenig als Provokation gekennzeichnet, so dass sich der Klient in diesem Verhalten bestärkt fühlte. Da der Therapeut dies bis zum Schluss nicht korrigierte, hinterließ diese Demonstration ein extrem irritiertes Publikum.

---

[5] Bedauerlicherweise gibt es bis zum heutigen Tag noch keine wissenschaftliche Studie, die die therapeutische Wirksamkeit des „Provokativen Stils" geprüft und bestätigt hätte. Mit ist nur die Doktorarbeit von Franz Dumbs bekannt, ein erster Ansatz in diese Richtung, in der einige Fälle von H.-U. Schachtner und anderen „unter die Lupe" genommen wurden.

Dies zeigt, dass für den Einsatz provokativer Mittel ein hohes Maß an Sensibilität, Reife und Geschick notwendig ist. Lachen hat nicht immer mit Befreiung und Erkenntnis zu tun. Es kann auch Spott, Hohn und Verachtung transportieren oder Beklemmung, Peinlichkeit und Befangenheit kaschieren.

Was kann mit „ProSt" erreicht werden?

Mit dem achtsamen, einfühlsamen und wohlwollenden Einsatz des ProSt kann viel Positives erreicht werden:

☺ „Der Gute Draht" wird blitzschnell gleich zu Anfang des ProSt-Beratungsgesprächs hergestellt und eine Nähe geschaffen, wie sie sonst erst nach vielen Sitzungen entstehen würde

☺ Partnerschaftlicher Dialog auf „Du-Ebene"

☺ Erkennen der „Fettnäpfchen"

☺ Wahrnehmen der Fehler im Selbst- und Weltbild

☺ Widrigkeiten des Lebens nicht mehr tragisch nehmen

☺ Über sich selbst lachen können

☺ Sich selbst nicht mehr so wichtig nehmen

☺ Wieder mehr Energie und Lebensbejahung spüren

☺ Bereitschaft zur Verhaltensänderung erhöhen

☺ Bewusster werden bzgl. eigener Wachstumsblockaden und Wachstumsbremsen

☺ Eigene Stärken stärken und Schwächen abbauen

☺ Selbstförderliche Persönlichkeitszüge entwickeln

☺ Generelle Stimmungsaufhellung (besser „drauf" sein)

Für welchen Anwendungsbereich eignet sich der Provokative KommunikationsStil?

„ProSt" ist kein Allheilmittel sondern ein hilfreiches Kommunikations-mittel für bestimmte Menschen und Situationen sowie ein therapeu-tisch wirksamer Umgangs-Stil. Besonders hilfreich ist der ProSt-Ein-satz bei Personen,

a) die (vorübergehend) „vernagelt" sind, d.h. stur und unbelehrbar ei-ner fixen Idee aufsitzen (**Festgefahrenheit**),

b) die sich als bedauernswerte Opfer betrachten, sich den Widrigkeiten des Lebens ausgeliefert fühlen und nur noch vermeiden (durch Kneifen, Ausweichen, **Feigheit**, irrationale Ängste),

c) die sich nicht motivieren können, sei es aus Bequemlichkeit, **Faulhei**t, Verwöhntsein oder Indoktrination, kurz: Menschen, die die Lösung ihrer Probleme gerne anderen überlassen würden, al-so keine Eigenverantwortung übernehmen.

Die kleine Aufstellung zeigt, dass der Hauptanwendungsbereich des „ProSt" die *„Wachstumsbremsen"* (auch „Innere Schweinehunde" genannt) sind.

Der „ProSt" ist auch ein gutes „Aufweck-Mittel" für Menschen, die nichts mehr mit ihrem Leben anzufangen wissen, die unter der Sinnlosigkeit ihres Daseins leiden. Der Humor und die lockere, un-verkrampfte Weltsicht befreit ihr Denken.

Der „ProSt" ist das probate Mittel für Menschen, die am liebsten ohne Eigenleistung von allen Beschwernissen erleichtert werden wollen („mach Du's für mich"), weil man sich im „ProSt" weder das Denken, noch das „gut Zureden" noch das Arbeiten delegieren lässt. Deshalb hat sich der „ProSt" auch mit schwer motivierbaren Jugendlichen, („Null-Bock-Typen") und mit Drogensüchtigen so gut bewährt.

Wann man sich den „ProSt" sparen sollte

Menschen, die ernsthaft an einer Weiterentwicklung interessiert sind und den Anwender offen um eine Hilfestellung bitten, brauchen kein provokatives Vorgehen. Hier ist der „ProSt" überflüssig, unnötig und zeitraubend.

Bei Anfängern kommt es manchmal vor, dass sie bei jeder passenden und unpassenden Gelegenheit den „ProSt" einsetzen. Da liegt die Vermutung nahe, dass dies mehr der eigenen Unterhaltung als dem Wohle des Klienten dienen soll. Therapie allegorisch betrachtet ist eine Korrektur der „Landkarte", die jemand in seinem Kopf hat. Sie dient ihm zur Orientierung in der Umwelt und um seine Ziele zu erreichen und Gefahren zu vermeiden.

Wenn diese Landkarte falsche Hindernisse eingezeichnet hat oder gefährliche Wege als problemlos begehbar ausweist, dann hat das recht nachteilige Wirkungen für diese Person. Auch das Selbstbild ist eine Art Landkarte oder Orientierungshilfe. Wenn die „Selbstbild-Landkarte" falsche Stärken „eingezeichnet" hat (oder Schwächen, wo keine sind), wird dieser Mensch in seiner Umwelt auf Reaktionen anderer stoßen, mit denen er nicht zurecht kommt. Genauso ist es mit dem Weltbild, dem Bild von den anderen und der Realität. Durch fehlerhafte Vorstellungen und Annahmen (Glaubenssätze) wird er ständig mit falschen Erwartungen an andere herangehen und herbe Enttäuschungen erleben.

An dieser Allegorie kann man sehr schön ablesen, wann der „ProSt" angebracht ist und wann nicht: Ist jemand überzeugt davon „Bescheid zu wissen". Richtet er sich trotz der Warnungen anderer und leidvollen Erfahrungen weiterhin unbeirrbar und stur nach seiner „Landkarte", dann braucht er paradox-provokative Methoden, um von seinem falschen Kurs abgebracht zu werden. Ist der Klient aber jemand, der *offen für Korrekturen* seiner Landkarte ist oder gar jemand, der um Aufklärung bittet, dann ist der „ProSt" fehl am Platze und reine Zeitverschwendung.

Fehl am Platz ist der „ProSt" auch bei Personen, die schwere Traumata erlebt haben, die zu langanhaltenden Wachstums*blockaden* führten. Zu solchen traumatisierenden Einflüssen (meist aus der Kindheit) gehören:

a) extreme Verletzungen der persönlichen Würde (Demütigungen),

b) herbe Enttäuschungen und Vertrauensbrüche,

c) dramatische körperliche Einschränkungen, Übergriffe und Gewalt.

Zur Behandlung traumatisierter Personen hat die Psychotherapie weit geeignetere Methoden als den „ProSt". Hier sind echt empfundene und demonstrierte Empathie [6] sowie differenzierte psychotherapeutische und philosophische Maßnahmen angebrachter [7].

Fazit: Die Methoden des „ProSt" sollten im klinischen Bereich nur als Erweiterung des Repertoires eines versierten und erfahrenen Behandlers verstanden werden und keineswegs als eine eigenständige oder hinreichende Therapieform!

Im Alltagsbereich, in welchem ohnehin schon immer provokative Umgangsweisen von „Naturtalenten" eingesetzt wurden, kann eine milde Form des „ProSt" eine wertvolle Bereicherung des zwischenmenschlichen Austauschs sein. Der provokative Umgang miteinander kann Lockerheit und Lachen bewirken. Er kann peinliche und allzu betuliche Situationen entspannen. Er kann die Tendenz zur Ehrlichkeit und Authentizität erhöhen.

---

[6] Zum Beispiel wäre hier die seit den 80-er Jahren bestehende **E**motions-**F**okussierte **T**herapie (EFT) nach Prof. Dr. Leslie Greenberg zu nennen. Diese Therapie hat das Mitgefühl im Zentrum der Betrachtung und ist nicht zu verwechseln mit der Klopftechnik „EFT", bei der es nicht um Mitgefühl für andere geht, sondern oftmals um ein schnelles „Wegklopfen" emotionaler oder körperlicher Beschwerden.

[7] Die Methoden der 4. Ebene der Einflussnahme, „die hypnotisch-suggestive Ebene" (ähnlich der hypnotischen Kommunikation Dr. Milton Erickson*s, eine der Quellen des „**Mag**ischen Umgangs**St**il! nach Schachtner), sind differenzierte psychotherapeutische Maßnahmen.

Für welche Anwender eignet sich der „ProSt"?

Die wichtigste Voraussetzung für die Anwendung des „ProSt" ist die Liebe zu den Menschen. Wer die menschliche Fehler mit einer „ZOO-Brille" [8] sehen kann und einen feinsinnigen Humor hat, wird mit anderen stets behutsam und heilsam umgehen.

Menschen, die die Fähigkeit besitzen „durch die Blume zu sprechen" und ein bisschen Talent zur Schauspielerei haben, tun sich leichter im Einsatz von „ProSt". Die Schauspielerei braucht es um flexibel in Statuspositionen zu wechseln von Hoch- zu Tiefstatus und zurück. Diese Voraussetzungen sind nicht jedem von Natur aus geläufig.

Beim Erlernen, Üben und Verfeinern des „ProSt" braucht es ein hohes Engagement und Durchhaltevermögen. Der Gewinn, den man dafür erhält, ist jedoch enorm.

Menschen, die frech und dabei unwiderstehlich sind, sind überall gern gesehen. Sie kommen auch noch mit *denjenigen* Menschen und Situationen zurecht, bei denen andere schon längst das „Handtuch werfen". Und nicht zu vergessen: Man hat damit weit mehr Spaß im Leben!

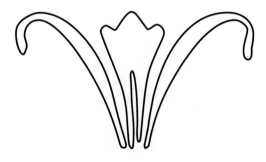

---

[8] Der Ausdruck „ZOO-Brille" oder Anthropologen-Haltung stammt von H.-U. Schachtner (nähere Beschreibung im Lebensbegleiter-Buch zum Magischen UmgangsStil „FRECH, aber UNWIDERSTEHLICH!")

Liebe Leserin, lieber Leser,

in diesem ProSt-Lexikon begegnet Ihnen eine Art der Kommunikation, die viel **Esprit, Spaß und Spannung** in Ihr Leben bringen kann. Die wichtigsten Komponenten des „Provokativen KommunikationsStils" sind:

Humor und **Herausforderung**

Natürlich werden Sie sich fragen, was man damit machen kann und ob man das **Provozieren** auch zu anderen Dingen **verwenden** kann als zum Zeitvertreib, Herumblödeln oder um andere zu ärgern.

Jawohl, kann man! Der Provokative Stil (ProSt)[10] erweitert ihre Möglichkeiten **Einfluss zu nehmen**, so dass Sie auch mit extrem **schwierigen Menschen** umgehen können werden. Sie lockern damit bei anderen verhärtete Denkstrukturen, fixe Ideen und verbohrte, sture Meinungen auf. Sie können damit andere aus **miesen Stimmungen befreien** und sogar „faulen Säcken" wieder **Beine machen**!

Alles was Sie dazu brauchen ist, selbst *in der Mitte zu sein*, ein bisschen *Sinn für Humor und Witz* und zu guter Letzt noch eine Portion *Mut* sich über Konventionen hinwegzusetzen. Natürlich muss man den „ProSt" ein bisschen üben, um sich das nötige Feingefühl für **Dosierung** anzutrainieren, das man dafür

---

[9] Die Einleitung ist geschrieben von Hans-Ulrich Schachtner.

[10] Die Abkürzung „ProSt" steht im Grunde für den „Paradox-provokativen Stil der Einflussnahme", den ich 1984 auf dem Heidelberger Kongress für Hypnotherapie vorgestellt habe. Weil mir dieser Ausdruck zu sperrig war, habe ich ihn dann verkürzt auf „Provokativer Stil". Mein Kürzel „ProSt" ist inzwischen weit verbreitet.

braucht. Das funktioniert am schnellsten, wenn man die **Grund-struktur des provokativen Vorgehens** verstanden hat. Und die möchte ich Ihnen im folgenden erklären.

Was uns bewegt: **Der Wille**

Alles, was uns Menschen gefühlsmäßig bewegt, lässt sich auf 3 Achsenarmen darstellen. Ich nenne sie die „**3 Achsen des Willens**", da sie die drei unterschiedlichen Anteile unseres Lebenswillens veranschaulichen:

Der Wille zum

a) Überleben des Individuums (also Sie selbst),

b) Überleben der Sippe, des Clans, der Familie und

c) dem Überleben der Gattung (also der Gattung Mensch).

Weil wir das gleich noch brauchen werden, will ich kurz erklären, was damit gemeint ist.

Erste Achse: „Lust-Unlust-Achse"

Ein Wesen **überlebt** nur dann, wenn es klug genug ist, alles zu meiden was ihm schaden könnte und sich all das zu beschaffen, was ihm gut tut und es am Leben hält. Der Einfachheit halber nenne ich diesen Anteil des Lebenswillens die „**Lust-Unlust-Achse**".

27

Sie symbolisiert alles was wir mögen, suchen und angenehm finden (auf der positiven Seite). Auf der negativen Seite steht alles, was wir meiden, fürchten und unter allen Umständen verhindern möchten.

Zweite Achse: „**Status-Achse**" [11]

Die **zweite Achse**, die den Gruppen-Überlebenswillen darstellt, der also das Überleben einer Familie oder Gruppe sichern soll, nenne ich die „Status-Achse".

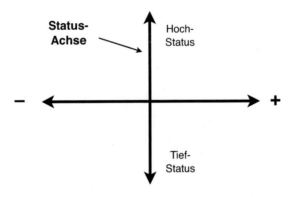

Warum Status-Achse? Weil Status in einer Gruppe die wichtigste **Grundlage für Hierarchie und Ordnung** darstellt. Wenn es in einer Gruppe keine Rangordnung gibt, die festlegt, wer führt und wer folgt, dann gibt es nur Streit, Durcheinander und keine sinnvolle **Kooperation**. Da geht es dann bald so zu wie in einem Trailer zur Sendung *„Die Supernanny"*.

Alle zwischenmenschlichen Begegnungen werden von unbemerkten, subtilen **Statussignalen** geregelt. Ohne es zu merken, verhandeln wir ständig unseren Status mit anderen. Das regelt, wer

---

[11] Das „Status-Konzept" verdanke ich Keith Johnstone.

gerade dran ist zu sprechen und wer schweigt, wer anderen den Vortritt lässt, wer die gemeinsamen Aktionen bestimmt und wer sich unterordnen muss. Unser Wohlgefühl ist ziemlich eng mit diesem „**Statusgerangel**" verbunden.

Im Hochstatus fühlen wir uns großartig, im Tiefstatus weniger gut. Im Hochstatus wird unser Wille respektiert, man folgt uns. Im Tiefstatus haben wir zu folgen. Wer im Hochstatus ist, trägt die Verantwortung. Wer im Tiefstatus ist, kann die Verantwortung weiterreichen. Im Hochstatus bekommt man Achtung. Im Tiefstatus erhält man Sympathien.

Wenn ein bedauernswerter Arbeitnehmer von seinem Chef „zur Minna gemacht" wurde und beim Heimkommen von seiner Frau zu allem Überfluss auch noch angeschnauzt wird, dann wäre es kein Wunder, wenn er einen gewissen Drang verspürte, dem Hund einen Tritt zu versetzen. Dann ist er wenigstens diesem gegenüber im Hochstatus.

Wir merken uns also, dass Status uns innerlich sehr bewegt. Für unsere Stimmungen und Handlungen ist es von großer Bedeutung, ob wir uns **groß oder klein fühlen**.

Dritte Achse: „Verantwortungs-Achse" [12]

Und das Dritte, was uns zutiefst bewegt, wird von der schräg eingezeichneten Achse, der „**Verantwortungs-Achse**" symbolisiert. Auf dem positiven Arm der Achse fühlen wir uns verantwortungsbewusst und auf dem gegenüberliegenden Arm frei von Verantwortung.

---

[12] Die 3. Achse ist nicht allen Menschen zu eigen, den sogenannten Soziopathen oder Psychopathen fehlt die 3. Achse des Willens. Sie können anderen Menschen Schaden zufügen ohne eine Regung von Mitgefühl dabei zu verspüren. Wenn die Anzahl dieser Menschen, die so geartet sind zunimmt bzw. deren Macht unverhältnismäßig ansteigt, dann kann dies das Überleben der Gattung „Mensch" und insgesamt die Schöpfung Gottes gefährden. Erkennbar ist dies z.B. an der achtlosen Umwelt-Vergiftung, der verantwortungslosen Rüstung mit ABC-Waffen, der Zunahme an Repressalien, Kontrolle und Gewalt etc.

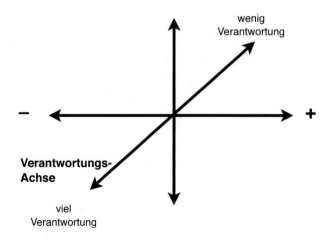

Die dritte Achse dient dem Überleben der **Gattung** „Mensch". Damit Sie die Bedeutung dieser Achse besser nachvollziehen können, stellen Sie sich einmal vor, dass Sie auf der Straße gehen und beobachten, wie ein paar Meter vor ihnen eine ältere Frau stürzt und zu Boden fällt. Sie spüren sofort einen **Impuls zu Hilfe** zu eilen und etwas zu tun, um die Schmerzen dieser Frau zu lindern.

Noch ein Beispiel: Wir spenden freizügig für hungernde Völker.

Das alles geht zurück auf das tief verwurzelte Gefühl von **Verantwortung für das Wohlergehen** aller Menschen, das immens wichtig ist für den Bestand und das Überleben unserer Spezies.

Die Gefühle und Empfindungen, die mit der 3. Achse verbunden sind, reifen erst im Laufe des Erwachsenwerdens heran. Der Säugling hat zunächst nur die erste Achse. Dann erst wächst das **Gefühl für Hierarchie** und Unterordnung. Zuletzt kommt die Entwicklung der **Achse „Verantwortung"**, die selbst bei manchen erwachsenen Menschen nur kümmerlich entwickelt ist.

Diese Aufteilung des Überlebens-Willens des Menschen in diese drei Abteilungen hat auch wissenschaftlich überprüfbare **gehirnphysiologische Substrate**. Sie korrespondieren im weitesten Sinne mit den drei grundsätzlich unterschiedlichen Gehirnstrukturen, die in unserem Kopf ihren Sitz haben. Wenn es um das eigene Überleben geht, fühlt sich das Reptiliengehirn zuständig mit seinen drei reflexartigen Reaktionen:

Kampf   Flucht   Totstellen

Geht es um das Überleben einer Gruppe oder Familie, ist unser Säugetier-Gehirn zuständig, das schon über weit mehr Reaktionsmöglichkeiten verfügt um das Überleben der Familie zu sichern (Zuneigung, Brutinstinkt usw.)

Wenn es darum geht, das Überleben der Gattung Mensch zu sichern, braucht es Vorausschau, Arbeitsteilung, Fortschritt, Technologie, Komfort, Umweltschutz, Sicherheitsregeln usw. Dieses komplexen Dinge kann nur der sogenannte Frontallappen unseres Gehirns, das **Neuhirn** regeln. Dessen Reaktionsmöglichkeiten sind unzählig. Nur dieser Teil ist wirklich kreativ und kann sich völlig Neues einfallen lassen.

Wenn man allerdings sehen muss, welch archaische Reaktionen in unserem Alltagsleben immer noch vorherrschen, fragt man sich manchmal: Wie kommt es, dass wir immer noch die alten Gehirne so sehr gebrauchen, wenn wir doch so ein schönes, großes Neuhirn haben![13]

Und hier sind wir schon bei einem entscheidenden Punkt:

Die Zusammenarbeit aller drei Teile des Gehirns funktioniert nur dann, wenn wir auf *allen drei* Achsenarmen einigermaßen in der Mitte sind. Jedes extreme Überwiegen eines Achsenarmes behindert das wunderbare Funktionieren unseres Intellekts als Mediator zwischen allen Teilen unserer Psyche. *Manchmal kann die Auslenkung aus der Mitte derart stark werden, dass wir nicht mehr zum klaren Denken fähig sind und*

---

[13] Die Frage wie es zur fortschreitenden Verdummung, Verrohung und Vereinzelung kommt und welche Strategien dabei zum Einsatz kommen, beantworte ich ausführlich in meinem Hörbuch „Die ROTE KARTE. Du bist durchschaut. Das Geheimnis der 6 Klingelknöpfe" (sh. Anhang).

deshalb unklug handeln, was uns hinterher dann leid tut
(und manchmal teuer zu stehen kommt).

Um diese unseligen Wirkungen des „Aus-der-Mitte-Geratens" zu ermessen, brauchen Sie sich nur mal vorzustellen, was die extremen Ausprägungen der sechs Achsenarme symbolisieren:

– auf der 1. Achse sind das entweder Gier, Sucht oder zügellose Lust auf der einen Seite und auf der anderen: Panik oder Ekel. Kann man da noch klar denken?

– auf der 2. Achse wäre das entweder Machtrausch gepaart mit Überlegenheitsarroganz auf der einen Seite. Auf der anderen Seite Scham und das Gefühl von Nichtswürdigkeit. Ist beides nicht gut für kluge Überlegungen, oder? Und schließlich ...

– auf der 3. Achse fühlt man sich in bedrückender Verantwortung oder, noch schlimmer, zutiefst schuldig, wenn man dabei versagt hat, andere im Stich gelassen oder geschädigt hat. Auf dem anderen Extrem ist man überzeugt davon, niemandem im geringsten Rechenschaft schuldig zu sein, verhält sich völlig unbekümmert, leichtsinnig und rücksichtslos, geradeso wie ein Tyrann oder ein eigensinniges Kind.

Sie sehen daran, wie wichtig es ist, in der Mitte zu bleiben, um damit den wichtigen Schutz unseres Denkapparates zu behalten. Und dieser ist jedes Mal gefährdet, wenn wir auf einem der Achsenarme zu sehr ins Extrem gezogen werden. Jetzt wissen Sie auch, warum es heißt: „Werbung ist, die Intelligenz eines Menschen so lange gefangen zu halten, bis man ihm das Geld aus der Tasche gezogen hat."[14].

Und leider gilt das nicht nur für Werbung, sondern für jede Art negativer Manipulation. Da ich über dieses Thema bereits im Hörbuch *„Das Geheimnis der 6 Klingelknöpfe"* gesprochen habe, lassen wir es hier erst mal dabei bewenden.

---

[14] William Butler Leacock

Als wohlwollende Menschen wünschen wir doch allen Personen um uns herum, dass sie den vollen Schutz ihres intelligenten Denkens benutzen können, d.h. dass Sie nicht allzu sehr in extremen Gefühlen auf einer der sechs Achsen verharren und dadurch anfällig werden für jegliche Art von Verirrung und Verführung, oder?

Deshalb ist das Ziel jeder Beratung, Psychotherapie oder auch eines klärenden Gesprächs, das Gegenüber so zu behandeln, dass es in seiner Mitte bleibt bzw. wieder in die Mitte findet – dort, wo Vernunft und klares Denken herrschen.

Die Methoden dies zu bewerkstelligen sind vielfältig, lassen sich aber in vier große Gruppen unterteilen, die ich die „4 Ebenen der Einflussnahme" genannt habe. Die Methoden auf diesen vier Ebenen werden für jede Art von Einflussnahme verwendet. Hier wollen wir aber nur den Bereich der *wohlwollenden* Einflussnahme betrachten.

Um jemanden zur Vernunft zu bringen (womit meistens Einlenken, Unterordnen oder Kooperieren gemeint ist) wird im Alltag oftmals Druck angewendet, also eine der sieben Formen der emotionaloppressiven Einflussnahme[15]. Sanfte Gemüter verwenden dafür lieber die „Psycho-edukative Ebene der Einflussnahme". Sie raten demjenigen gut zu und nutzen stärkende und ermunternde Methoden.

Manchmal hilft aber psycho-edukatives Vorgehen nicht, weil Menschen, die sich mal in eine Idee verrannt haben diese so leicht nicht wieder aufgeben. Ein einmal gefasstes Selbst- und Weltbild gibt einem Menschen Sicherheit und Orientierung, auch wenn es falsch ist. Deshalb klammert sich ein Mensch so sehr an diese „Pseudo-Sicherheit", so dass er für normale Vernunft oft nicht mehr zugänglich ist. Dann haben wir einen Fall, bei dem die Leute oft mit dem Kopf schütteln und resignierend seufzen: *„Wir haben es im Guten und im Bösen probiert, aber er will einfach nicht hören!"*

Der nur wenig entwickelte Durchschnittsmensch schaltet bei Erfolglosigkeit seiner Bemühungen meistens auf eine *niedrigere* Stufe seiner Gehirnfunktionen, d.h. auf Kampf, Flucht oder Totstellen (anstatt mal kreativ und einfallsreich etwas Neues zu probieren). Die einen reagieren also mit aggressivem Brüllen oder sogar mit Tätlichkeiten. Die anderen flüchten und vermeiden jeden weiteren Kontakt oder sie zucken nur mit den Achseln, reagieren überhaupt nicht und lassen alles über sich ergehen.

Der „Provokative Stil" erweitert Ihre Fähigkeiten um eine ganze weitere Palette (oder Ebene) von Verhaltensmöglichkeiten, die der *paradox-provokativen Ebene der Einflussnahme*, des „ProSt". Und damit kommen wir zum Kernstück dieser Haltung. Hier handelt es sich um eine Haltung, keine Sammlung von bloßen Techniken oder Tricks.

Diese Haltung kann man allerdings nur einnehmen, wenn man *selbst* in der Mitte ist, also keinerlei extremen Emotionen anheim gefallen ist. Das kann man ganz leicht überprüfen.

---

[15] In alphabetischer Ordnung: Appellieren (an Werte), Belohnung in Aussicht stellen, Consequenzen androhen, Diskriminieren (aller Alternativen), Egalisieren (alle gleich machen), Fremdautoritäten zitieren und Gehorsam einfordern.

In der Mitte ist man, wenn man ...

(1) nichts dringend braucht oder unbedingt haben will und auch vor nichts Angst hat oder befürchtet.

(2) auf niemanden herabschaut, aber auch niemanden über sich stellt und

(3) genau weiß, wofür man in einer Situation verantwortlich ist und wofür nicht.

Dieses „in der Mitte sein" bewirkt ein Gefühl von Gelassenheit, Sicherheit und Klarheit. Wenn wir jetzt noch ein bisschen Humor und Abenteuerlust dazu mixen, dann haben wir die besten Voraussetzungen den provokativen Stil in der Praxis einzusetzen[16].

Für eine Haltung von humorvoller Gelassenheit gibt es ein probates Mittel, nämlich die „Zoo-Brille" (die ich im MagSt-Buch ausführlich erläutert habe). Mit ihr regen wir uns nicht mehr auf, sondern betrachten alles interessiert und oft auch amüsiert. Mit dieser Haltung und dem nötigen Vorwissen ausgestattet können wir jetzt zur Tat schreiten ...

Die Grundstruktur des provokativen Stils

Da der „Provokative Stil" aus der „Provokativen Therapie" entstanden ist, lässt er sich am leichtesten erklären, wenn man eine Beratersituation als Beispiel nimmt. Wenn sich ein Mensch in Beratung oder Therapie begibt, dann deshalb, weil er irgendetwas zu wenig oder zu viel tut [17], zu wenig fühlt oder zu stark fühlt. Ganz selten kommt auch mal jemand, weil er zu wenig denkt oder auch (häufiger), weil er zu viel denkt und ständig grübelt.

---

[16] Die Haltung, mit der man den ProSt erfolgreich einsetzt, beinhaltet immer **Gelassenheit, Humor** und den **Mut**, mit Konventionen zu brechen.

[17] In der Fachsprache: Verhaltens-Defizite oder -Exzesse.

Der Berater oder Therapeut, der auf den unteren beiden Stufen der Einflussnahme operiert, wird versuchen den Klienten durch seine Interventionen auf die Mitte hin zu bewegen. Wenn der Klient etwas zu wenig tut (z.B. Bitten zu äußern) wird der Berater ihn beeinflussen davon mehr zu tun. Er wird den Klienten von etwas abbringen, wenn er etwas zu viel tut (z.B. Alkohol trinken).

Auf einer höheren Ebene der Einflussnahme, der „Paradox-provo-kativen Ebene"[18] geht der Behandler ganz anders vor: Der Behandelte drängt den anderen noch mehr ins Extrem zu gehen! Der Klient, der ohnehin schon zu wenig tut, z.B. bitten, wird bekniet, auch das noch bleiben zu lassen. Wer „Zuviel des Guten" tut, wird angestachelt, das noch um einiges zu steigern. Auf den ersten Blick kaum zu glauben, aber es funktioniert! Allerdings nur, wenn man's richtig macht. Die richtige Art so vorzugehen nennt man in der Fachsprache „Double-bind".

Der Ausdruck „Double-bind" steht für ein Verhalten, das gegensätzliche Aufforderungen in sich vereint. Wenn man z.B. jemanden auffordert *"Bitte setzen Sie sich!"* und gleichzeitig den Stuhl wegzieht, dann ist das so ein „Double-bind". Und zwar ein negatives, weil man zwar einladende Worte sagt, die Handlung aber (und die zählt nunmal mehr) unfreundlich ist.

Umgekehrt: Wenn Sie freundlich grinsend ihrem Freund auf die Schulter klopfen und gleichzeitig sagen *„Du wirst es schon wieder gründlich vermasseln!"*. Dann nennt man das ein positives oder gesundmachendes „Double-bind", weil hier die Worte zwar negativ klingen, die Handlung und der Kontext aber etwas Positives ausdrücken, nämlich *„Ich traue dir viel zu!"*

„Und wozu dann überhaupt was Negatives sagen?" werden Sie (berechtigt) fragen. Das hängt mit der Psyche der angesprochenen Person zusammen. Diese Methoden sind ja genau für *diejenigen* Menschen richtig, bei denen die normalen Methoden der Einflussnahme, also die 1. und 2. Ebene eben *nicht* funktioniert haben. Sol-

---

[18] Die andere Ebene höherer Einflussnahme ist die hypnotisch-suggestive Ebene.

che Leute haben sich oftmals in eine Art „Extra-nicht"-Haltung hineinmanövriert. Sie tun bevorzugt das Gegenteil von dem, was man ihnen sagt. Wenn man solchen Leuten befiehlt das (schädliche) Verhalten sogar noch mehr auszuführen, entsteht eine Art Gegenwille, der dann positive Ergebnisse erzielt.

In einem Bild verdeutlicht:

Jemand möchte Sie schocken oder erschrecken und beugt sich über ein Balkongeländer. Weil er das aber schon -zig Mal gemacht hat, erkennen Sie seine Absicht und ziehen ihn nun dieses Mal nicht zurück, sondern drücken ihn noch ein bisschen mehr übers Geländer. Was glauben Sie, passiert dann?

Genau! Er „rettet" sich, indem er sich vom Geländer wegbewegt. Auf diese Reaktion sind wir aus. Gleichzeitig vermittelt Ihnen dieses Bild auch, wie wichtig das **Dosieren** der provokativen Aktion ist.

Es gibt noch ein anderes Bild, das die Vorgehensweise beim „Provokativen Stil" veranschaulicht:

Stellen Sie sich ein Badefloß auf einem kleinen See vor, auf dem zwei Menschen stehen. Der eine (unser Klient) hat sich aufs äußerste Ende der einen Ecke gestellt. Wie das nunmal bei einem Badefloß so ist, taucht es auf dieser Seite nun immer weiter ins Wasser. Das Floß geht langsam unter. Die vernünftige Reaktion der anderen Person wäre jetzt, sich auf die gegenüberliegende Ecke zu stellen, was das Badefloß dann wieder ausbalancieren würde.

Im „ProSt" tun wir aber nicht das Vernünftige, sondern wir stellen uns zum anderen auf dieselbe Ecke und freuen uns sichtlich, dass uns das Wasser langsam über die Knöchel zum Knie und schließlich bis zum Bauch steigt. Das drängt nun den anderen, den Klienten, seinerseits das Vernünftige zu tun. Er springt nun auf die gegenüberliegende Seite oder bewegt sich zumindest mehr auf die Mitte hin, um nicht vollends „abzusaufen".

Dieses Bild zeigt eine andere Seite des „ProSt". Man braucht Mut dazu, Durchstehvermögen und die Fähigkeit **Gefallen zu finden** an einem, an sich unangenehmen Zustand der Unbalance. Probieren wir das doch gleich mal an den **„3 Achsen des Willens"**. Schließlich sind das ja die **Ansatzpunkte jeglicher Beeinflussung**, denn darauf bildet sich, wie gesagt, alles ab, was uns tief bewegt. Und nur was uns emotional bewegt, wird uns in Bewegung setzen. Erst dann geschieht etwas!

Nehmen wir als erstes Beispiel die **„Status-Achse"**. Auf der „Hochstatus-Seite" ist jemand hoffärtig. Er benimmt sich eingebildet, überheblich, arrogant, sieht auf andere herab und behandelt sie geringschätzig.

Ein schönes Beispiel hierfür ist der „Aristokrat", das zweite Video auf der DVD zum „ProSt" [19]. In ihm versteigt sich der Klient sogar zu derart impertinenten Fragen, wie *„Sind Sie überhaupt qualifiziert, mich zu behandeln?!", „Wo haben Sie denn Ihre Ausbildung gemacht?"* und *„Haben Sie solche Fälle wie mich schon mal behandelt?"* .

Frank's Reaktion ist ein köstliches Beispiel für ein effektives Kontern dieser Überheblichkeit. Er „bewundert" den Klienten, hebt ihn noch mehr in den Hochstatus, allerdings auf eine Weise, dass dieser bald merkt, dass er „hochgenommen" wird. Dadurch steigt er bald von seinem hohen Ross und zeigt sein wahres Gesicht. In Wirklichkeit fühlt sich der Klient als erbärmlicher Versager, der in seinem Leben nichts zuwege gebracht hat. Erst durch diese Bereitschaft seine Maske fallen zu lassen ist der Weg offen für wirkliche Hilfe.

Das entgegengesetzte Ende der Statusachse ist das „Sich-klein-Fühlen", was oft zu Minderwertigkeitsgefühlen und Depressionen führen kann. Das Beispiel *„Die Maus, die brüllte"* aus Frank Farrelly Buch „Provocative Therapy" zeigt, wie der Klientin mit einer provokativen Intervention geholfen werden konnte.

---

[19] DVD „Best of Frank Farrelly" mit Kommentaren von H.-U. Schachtner sh. Anhang.

Eine schüchterne, ältere Patientin tritt zaghaft ins Behandlungszimmer, sich an ihre Handtasche klammernd und fragt: „Wo darf ich mich hinsetzen?".

Frank, der das Problem der Frau gleich erkennt, antwortet gebieterisch: „Nehmen Sie da drüben Platz!".

Kurz bevor die Patientin sich setzen will, widerruft er sein Kommando und schickt sie auf einen anderen Stuhl. Aber auch da passt es ihm im letzten Moment nicht und er schickt sie wieder zurück auf den ursprünglichen Stuhl.

Nachdem er das dreimal so gemacht hat, reicht es der Patientin und mit einem festen „So, da bleib ich jetzt einfach sitzen!" besetzt sie selbstsicher einen Stuhl und behauptet ihren Platz. Frank reagiert mit gespieltem Erschrecken auf so viel „Power".

Auch hier wieder reagiert der Therapeut nicht mit der ausgleichenden Reaktion, sondern treibt die submissive Geste der Patientin auf die Spitze nach dem Motto: „Wer sich klein macht, wird noch kleiner gemacht!"

Auf diese Weise kann man mit allen sechs Extremen der Achsenarme verfahren und sehr schnell therapeutische Fortschritte erzielen. Wo mit anderen, konventionellen Techniken wenig oder nur langsam und mühsam etwas vorwärts geht, erreicht man mit humorvollem Provozieren schnell eindrucksvolle Resultate. Für weitere (köstlich humorvolle) Beispiele verweise ich auf die DVD und meine Kommentare dazu (Ausschnitte auch in *You Tube*).

Wir haben jetzt schon ein paar schöne Konzepte zusammen, die erklären, was die Bezeichnung *„Provokativer Stil"* meint und

a) **wann** dieser einzusetzen ist (nämlich wenn die ersten beiden Ebenen der Einflussnahme versagt haben),

b) **wo** unsere Provokationen ansetzen: die Verhaltensdefizite oder -Exzesse auf den 6 Achsenarmen des Willens, also bei den Extremen „Gier/Sucht" oder „Angst/Ekel", bei Überheblichkeit/Narzissmus oder Minderwertigkeitskomplexen sowie bei Schuldgefühlen oder Verantwortungslosigkeit und

c) **wie** wir dabei vorgehen: Wir verwenden nichtlineare Methoden. Wir vermeiden das übliche, konventionelle und erwartete Verhalten und reagieren stattdessen überraschend, unkonventionell, provokativ, kreativ und gerne auch mal paradox.

Wir haben also jetzt das „**Wann**", das „**Wo**" und das „**Wie**" des „Provokativen Stils". Es fehlt also nur noch das „**Warum**". Warum ist es hilfreich, ja manchmal sogar notwendig, die paradox-provokative Methoden der Einflussnahme einzusetzen?

Für die Beantwortung des „**Warum**" müssen wir etwas ausholen:

Wann geht ein Mensch in Therapie? Wenn alles gut läuft? Sicherlich nicht! Er geht erst dann, wenn irgendetwas *nicht* so läuft wie er das gerne hätte, wenn er ein gesetztes Ziel nicht erreicht oder erhoffte Lebensumstände nicht eintreten. Und das kann daran liegen, dass er

a) nicht weiß *wie* er sein Ziel erreichen kann oder

b) an irgendeiner Blockade scheitert.

Im ersten Fall braucht dieser Mensch eine Anleitung oder Strategie, die ihm weiterhilft. Im zweiten Fall gibt es wieder zwei Möglichkeiten:

a) äußere Bedingungen stehen ihm im Weg oder

b) er steht sich selbst im Weg.

Im Fall a) braucht der Klient bessere Kommunikationsstrategien, wenn es sich um menschliche Bedingungen oder Blockaden handelt, die ihm den Weg versperren. [20]

Wenn er sich jedoch *selbst* im Weg steht, und das ist ein häufiger Grund um eine therapeutische Beratung aufzusuchen, wird es entweder an *„Wachstumsblockaden"* oder an *„Wachstumsbremsen"* liegen, dass der Klient nicht vorwärts kommt. Wachstums*blockaden* sind psychische Hemmnisse, die während der Sozialisation

---

[20] Ein klarer Fall für den „MagSt", den Magischen UmgangsStil.

entstanden sind und meistens durch traumatische Erlebnisse hervorgerufen wurden. Für solche Fälle gibt es viele „tiefenwirksame Behandlungsmethoden (z.B. Professor Dr. Leslie Greenberg's Emotionsfokussierte Therapie/EFT, Pesso-Therapie oder meine Aussöhnungs-Hypnoide)[21].

Die Wachstums*bremsen* hingegen sind eine ganz andere Kategorie von Störungen. Erstens sind sie völlig normal. Jeder Mensch plagt sich mit ihnen herum. Wir alle sind anfällig für diese Evolutionsbremsen und wissen, dass es Überwindung kostet, sich den Herausforderungen des Lebens zu stellen. Tun wir das über längere Zeit nicht und behindern dadurch unser Weiterkommen, stellen sich bald vielfältige negative Effekte ein. Es scheint so, dass wir uns nicht ungestraft dem Grundprinzip des Universums, der Evolution entgegen stellen dürfen (oder es vernachlässigen). Wer sich nicht weiter entwickelt, dem wird Lebensenergie entzogen! Das macht ihn dann anfällig für eine ganze Reihe von unangenehmen Folgen bis hin zu Krankheiten und Depression.

Was sind nun die Wachstumsbremsen und wie kommt es dazu?

Als christlich erzogene Person haben Sie sicherlich schon von der „Dreifaltigkeit Gottes" gehört. Dann wird Sie auch nicht überraschen, dass der Mensch, der ja nach seinem Bilde geschaffen wurde, **ebenso dreifaltig** ist. Wenn wir jetzt mal schauen, *wie* diese Dreifaltigkeit „gefaltet" ist, dann erkennen wir: Beim Menschen besteht diese dreifaltige Instanz aus **Denken, Fühlen und Handeln**.

Normalerweise funktioniert die Dreifaltigkeit ganz wunderbar. Das sieht dann so aus:

Schritt 1: Wir wollen etwas (der Wille- oder Fühlen-Aspekt).

Schritt 2: Wir schauen uns um und überlegen, wie wir das bekommen können (der Denken-Aspekt)

Schritt 3: Wir gehen los, um uns das Gewünschte zu besorgen (der Handeln-Aspekt).

---

[21] EFT-Ausbildungen und Pesso-Therapie im Münchner Institut für Integrative Psychotherapie.

Entweder sind wir jetzt befriedigt oder das Ganze geht wieder von vorne los, indem wir dieses Mal etwas anderes wollen (dann wahrnehmen und planen, dann handeln usw.). Manchmal allerdings klappt die Zusammenarbeit nicht so gut, weil einer aus dieser „Belegschaft" streikt. Wenn das Handeln (der Körper) streikt, dann meiden wir körperliche Anstrengungen, liegen am liebsten auf der Couch herum und gehen möglichst sparsam um mit jeglicher Betätigung.

Das Fühlen bzw. das Wollen liefert den **Antrieb**, unsere Motivation. Wenn diese Instanz streikt, dann scheuen wir vor einer Aufgabe zurück wie ein Pferd vor dem Hindernis. Das heißt wir weichen aus, kneifen oder lassen uns erstmal krankschreiben.

Diese beiden Wachstumsbremsen sind allbekannt und auch der große Philosoph Kant wusste schon, dass sie der Grund sind für viele Übel der Menschheit:

Faulheit und Feigheit sind die Ursachen, warum ein so großer Teil der Menschen, nachdem sie die Natur längst von fremder Leitung freigesprochen hat, dennoch gerne zeitlebens unmündig bleiben. (Immanuel Kant).

Was Kant aber offenbar übersehen hatte, ist die Tatsache, dass **die dritte Wachstumsbremse** die weitaus Schlimmste von allen ist: Der Dünkel, die Rechthaberei, die Festgefahrenheit im Denken! (Ich habe allerdings selbst verdächtig lange gebraucht, bis ich sie fand und identifiziert hatte).

Das Perfide an dieser Wachstumsbremse ist, dass man es nicht merkt, wenn sie einen im Griff hat! Ohne Hilfe von anderen kommt man so leicht nicht darauf, dass man bereits infiziert ist vom Virus der Besserwisserei, der Geltungskrankheit (dem Ehrgeiz) und der Selbstüberschätzung.

Wenn wir uns die Wachstumsbremsen mal näher ansehen, kommen die uns nicht sehr bekannt vor? ... Genau! Das ist doch **der „innere Schweinehund"**!!!

Und wie wir jetzt feststellen, ist das ein **dreifaltiger** Schweinehund! Doch wie sollte es auch anders sein! Wir sind ja auch „dreifaltig". Jede einzelne unserer inneren Instanzen hat einen eigenen „Lieblings-Schweinehund".

Es gibt also einen inneren Schweinehund im Handeln (Körper), einen im Fühlen (Wille/Motivation) und einen im Denken. Im Alltag nennt man sie:

Faulheit, **Feigheit** und **Festgefahrenheit**

Der Schlimmste von den dreien ist der Dritte, die Festgefahrenheit im Denken, auch manchmal Dünkel genannt. Er zeigt sich als Sturheit, Vorurteile, Unbelehrbarkeit, Besserwisserei und Rechthaberei, aber auch als Arroganz, Überheblichkeit oder Dummdreistigkeit.

Sobald man das Konzept der drei Schweinehunde durchschaut und erkannt hat, fällt einem möglicherweise auf, wie sehr vor allem **die anderen** um einen herum unter diesen leiden. Und gerne bemühen wir uns, sie davon zu befreien, auch wenn es oft nicht viel hilft. Leider wird das dann auch noch mißverstanden als Nörgeln oder Meckern. Man darf eben keinen Dank erwarten ...

Die Bandbreite der Erscheinungsformen ist groß. Da gibt es z.B. welche, die **faul und träge** sind und am liebsten nur auf der **Couch** herum liegen würden, während sie andere den ganzen Haushalt machen lassen, die Einkäufe und sogar das Geschirrspülen!

Dann gibt es die **Zaghaften**, denen wir am liebsten manchmal einen Tritt geben würden, damit sie sich endlich mal trauen, den Mund aufzumachen um sich nicht ständig unterbuttern zu lassen. Oder die **Übervorsichtigen**, mit denen man nichts unternehmen kann, weil sie überall Gefahren wittern.

Und dann gibt es noch die große Schar der **Besserwisser** und Siebengescheiten, die sich ja immer sooo sicher sind, dass sie über alles Bescheid wissen und die andern alle falsch liegen! Und so etwas stinkt uns doch manchmal, oder? Uns, die *wirklich* Bescheid wissen! 😊

Und all diesen Leuten können wir von jetzt ab einen großen Gefallen tun, indem wir hin und wieder die drei **Schweinehund-Beinemacher** einsetzen.

Im ProSt sind das unsere Lieblings-Werkzeuge, die selten ihre Wirkung verfehlen. Und damit Sie die nie vergessen, bekommen Sie dann zum guten Schluss noch einen Merksatz. Jetzt schauen wir sie uns aber erst einmal einzeln an:

Der innere **Schweinehund im Denken**

Wie reagieren die Leute normalerweise, wenn einer stur ist, oder vernagelt, einer fixen Idee aufgesessen ist. So etwas kann sich auch als Verliebt- oder Vernarrtheit zeigen, im Idolisieren von jemanden, der nunmal überhaupt nicht zu ihm/ihr passt?

Die übliche Reaktion: Man versucht ihn/sie wieder auf den richtigen Weg zu bringen durch **Vernunft beibringen** oder noch schlimmer: man kommt ihm/ihr mit Logik und Überzeugungskünsten!

Wie viel das in diesem Moment hilft, wissen Sie vermutlich schon von sich selber. Jeder hatte schon einmal solche Phasen. Aber jetzt, wo sie den „Provokativen Stil" kennen, können Sie ganz anders vorgehen:

Sie **steigern den Unsinn**, die Unlogik, das Verbohrtsein, kurz, die einseitige Sicht des anderen ins Absurde und freuen sich mit dem anderen zusammen, mal wieder **so richtig verrückt** sein zu dürfen. Zur Hölle mit der Vernunft! Wenn Sie das gut und anschaulich machen, so dass auch viel Kreatives drin war und man dabei herzhaft lachen konnte, was passiert dann beim anderen?

Richtig! Er wird nun Sie korrigieren und **Ihnen widersprechen**. Je übertriebener und absurder Ihre Version seiner fixen Idee ist, umso heftiger wird sein Widerspruch ausfallen. Mit anderen Worten, er wird vernünftiger …

Mission accomplished!

Der innere **Schweinehund im Fühlen**

Das Fühlen ist die Hauptinstanz des Menschen, sein **Wille** (oder auch sein Lebenswille). Von ihm kommt, durch das ständige Wollen, ohnehin jeglicher Antrieb etwas zu tun. Also auch das „sich mal unangenehmen Herausforderungen zu stellen" um aus dem Alltagstrott, den lieben Gewohnheiten, kleinen Süchten heruaszuommen und endlich seiner **Lebensaufgabe gerecht zu werden**. Der Wille ist auch die Entscheidungs-Instanz des Menschen, die sich jederzeit über die rational gefällten „Entscheidungen" unseres Denkapparates – der Vernunft – hinwegsetzten kann.

Wenn sich der innere Schweinehund im Fühlen breit gemacht hat, dann ist dieser Mensch zu zögerlich, zu ängstlich, zu vorsichtig, kneift gern, benutzt Ausreden und verhält sich wie die Braut, die sich nicht traut. So ein Mensch läuft dann Gefahr, seine **Lebensenergie entzogen** zu bekommen, da er sie nicht oder zu wenig nutzt. Kein Wunder, wenn solche Menschen dann depressiv werden.

Was ist die gängige Art mit depressiven Menschen umzugehen? Sie kennen sie: Es ist gutes Zureden, **Mut machen**, überzeugende Argumente bringen, der Versuch die vielen Zweifel mit Logik zu entkräften und wenn all das nichts hilft, greift man letztlich dann doch zu Druck, Zwang und Kontopfändung. Und was nutzt es? Wird unser Kandidat dadurch mutiger? Natürlich nicht.

Für diesen Fall gibt einen wunderschönen „Schweinehund-Beinemacher": Die ideale Konter für Ausreden ist – **das Ausreden**! Wir reden dem anderen aus, **dass er das braucht**, was er (angeblich) anstrebt. Das wirkt wahre Wunder!

Wenn also wieder mal jemand „antanzt" und Ihnen die Ohren volljammert, weil er irgendetwas nicht schafft, nicht kann bzw. nicht erreicht, weil halt die Hindernisse zu groß sind (und dabei indirekt andeutet, SIE möchten es doch für ihn tun), dann überzeugen Sie ihn sanft aber bestimmt davon, dass er das Angestrebte ja gar nicht braucht und er **in Wirklichkeit viel besser dran** ist, wenn er da stehen bleibt, wo er gerade steht.

Wir plädieren also für **Stillstand,** alles beim Alten zu lassen und sich ja nicht in eine neue Richtung zu bewegen! Das heißt auch, wir malen all die gefährlichen Aspekte jeglicher Veränderung in den düstersten Farben aus.

Wenn Sie es schaffen, dass ein Bettler auch ohne ihre kleine Spende zufrieden abzieht, weil sie ihn vom hohen Wert der Besitzlosigkeit überzeugt haben, dann haben Sie das Grundprinzip des zweiten Königswegs des „Provokativen Stils" begriffen:

»Wozu ändern?

Es ist doch alles bestens so, wie es ist!«

Der innere **Schweinehund im Handeln**

Haben Sie auch schon bemerkt, dass die Deutschen gar **nicht mehr so fleißig** sind, wie es ihnen immer nachgesagt wurde? Das kann einerseits an der Zunahme des Lebendgewichts des Durchschnittsdeutschen liegen. Es kann aber auch an der epidemischen Ausbreitung des **„Schweinehundvirus" Nr. 3** liegen: die **Trägheit** (auch Faulheit genannt; Betroffene ziehen den Ausdruck „ein Hang zur Bequemlichkeit" vor).

Sie werden es sich schon gedacht haben, auch dafür gibt es einen Schweinehund-Beinemacher. Der besagt in der Essenz: **»Finde dich damit ab,** Du hast es nicht im Kreuz!«.

In der Beratungssituation kann es einem ganz schön „auf den Geist gehen", wenn man dem anderen wunderschöne und praktikable Tipps gegeben hat und der Klient sie nicht ausführt. Beliebte Ausreden, die sich der „Trägheits-Schweinehund" einfallen lässt, sind z.B. „Keine Zeit gehabt", „Ging gerade nicht", „hatte Migräne/ Filzläuse/Verwandtenbesuch/Auto musste dringend in die Werkstatt/ schlechtes Wetter/kosmischer Blues".

Er will mit der leicht zu durchschauenden Taktik das Gegenüber davon überzeugen, dass es nicht an ihm selbst lag, wenn nichts (mehr) vorwärts ging.

Was ist hier die normale Reaktion? Man gibt noch bessere Tipps, überlegt sich Vereinfachungen, Abkürzungen, Verbesserungen, die es noch leichter machen... und zum Schluss macht man es gar selbst.

Was tut man in diesem Fall, wenn man nicht die Druckmittel eines Finanzamts zur Verfügung hat, wie Mahnungen, Zwangsgelder, Daumenschrauben, Pfändung und Schuldenturm? Wir setzen auf ein anderes Pferd, den *persönlichen Stolz* des Trägheitsgeplagten.

Wir machen ihm klar, dass das Ziel, das er sich gesetzt hat, leider für ihn unerreichbar ist, kurz, er hat sich zu viel vorgenommen. Sein Vorhaben könnte zwar durchaus klappen, z. B. bei jemand Tüchtigerem, oder wenn er halt ein bisschen intelligenter, mutiger, begabter, schlanker, stärker oder vom Glück bestrahlter wäre, aber leider (seufz) ...

Diese Methode funktioniert vor allem bei Männern, da sie sich auf die Fahnen geschrieben haben, immer stark, tüchtig und erfolgreich rüberzukommen. Wenn man sie also sanft und fast unmerklich ins Lager der Verlierer schiebt, kommen sie in die Gänge und beweisen der Welt, was in ihnen steckt. Diese Reaktion habe ich einmal die »Das wäre doch gelacht!«-Reaktion getauft.[22]

Was bei Männern der „Verlierer-Hebel" ist, ist bei Frauen...? Na?

Fragt ein Klinikarzt den andern: „Sag mal, wie hast Du bei der 40-jährigen Patientin das Händezittern so schnell wegbekommen?" – „Ich habe ihr gesagt, das wäre eine Alterserscheinung!"

So, nun kennen Sie die **drei Königswege des „ProSt"** (oder die „Schweinehund-Beinemacher", wenn Sie so wollen).

---

[22] Der Ausdruck „Das wäre doch gelacht!" wurde dann auch der Buchtitel unseres Longseller-Gemeinschaftswerks, das 1994 im Rowohlt Verlag erschienen ist und nichts an Aktualität verloren hat. Für unseren polnischen Fans: Das gibt's jetzt unter dem Titel: »**Uzdrawiajca smita smiechu**«

Ich habe Ihnen einen Merksatz versprochen, mit dem Sie die „Schweinehund-Beinemacher" immer parat haben und nie vergessen. Er lautet:

Du blickst es nicht! (Denken)

Du brauchst es nicht! (Fühlen)

Du bringst es nicht! (Handeln)

Dann wünsche ich Ihnen noch viel Spaß mit den neuen Erkenntnissen und dem so nützlichen „ProSt-Einmaleins".

Hans-Ulrich Schachtner

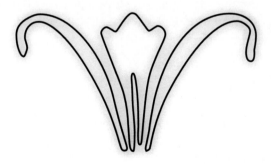

Das „ProSt 1x1 von A-Z"

Im Folgenden wähle ich[23] statt Berater, Coach oder Therapeut der Einfachheit halber nur den Begriff „ProSt-Anwender" und auch nur in der männlichen Form, genauso wie für den Klienten. Ich bitte Sie um Verständnis und danke Ihnen dafür.

Wenn ich mich auch in den meisten Fällen auf eine beraterische Situation beziehe, möchte ich doch betonen, dass nahezu alle Methoden, Techniken und Mittel auch im Alltag, im Beruf und in der eigenen Partnerschaft Anwendung finden können. Provokative Elemente hat es dort schon immer gegeben und können immens hilfreich sein, vor allem, wenn einer oder mehrere Beteiligte wieder mal „festgefahren" sind.

A wie „Absichtliches Missverstehen"

Der Anwender versteht seinen Klienten absichtlich falsch, oft auf witzige Weise. Er deutet zum Beispiel die nonverbalen Signale falsch oder stellt die Aussage in einen unpassenden Kontext. Der Klient reagiert darauf überrascht und korrigiert dann meist den Anwender. Damit erreicht man, dass der Klient nun seine Sicht der Situation erklärt und verdeutlicht, ohne dass man sich dazu in die schwache Position des Rückfragens begeben muss.

Das *absichtliche Missverstehen* dient auch zum Bewusstmachen der Vieldeutigkeit von Aussagen, was hilfreich sein kann, um den anderen zu differenzierter Wahrnehmung zu verhelfen. Dies wiederum hilft, zukünftigen Missverständnissen vorzubeugen (Clowns erzielen übrigens häufig ihre Lacheffekte durch das *absichtliche Missverstehen*).

---

[23] Elisabeth Eberhard

A wie „Advocatus Diaboli"

Das ist die „Parade-Methode" des „Provokativen Stils". Dabei empfiehlt der Anwender das verbotene oder unerwünschte Verhalten
und rät auf verführerische Weise zum *„Sündige mehr!"*. Er übertreibt dabei das „Sündigen" oft bis ins Absurde oder Komische und
zählt obendrein noch Listen von Gründen auf, die dem Klienten das
Verhalten schmackhaft machen sollen.

Der heilsame Effekt entsteht dadurch, dass der Anwender damit
einer **abgelehnten Tendenz** des unbewussten Willens des Klienten Ausdruck verleiht. Denn: *„Alles was wir tun, das wollten wir
auch tun!"*. Dies ist ein wichtiger Lehrsatz im „Provokativen Stil",
der von der Erkenntnis des Philosophen Schopenhauer gestützt
wird: **„Der Wille ist die treibende Kraft aller Veränderungen in
der Welt (der Erscheinungen)"**. Die notwendige Energie für alle
Handlungen stammt immer aus dem Willen, deshalb gilt der eben
erwähnte Lehrsatz.

**Das Dilemma, das der Anwender durch seine Maßnahmen auf-
zulösen versucht, ist durch die Ablehnung des Willens
entstanden.** Tief drinnen (unbewusst) wollte ja der Klient dieses
(„sündige") Verhalten ausleben, gestattet es sich aber nicht. Diese
Spaltung *„Ich will das, aber gestatte es mir nicht"* erzeugt eine innere „Patt"-Situation, wodurch er festsitzt. Durch das ausdrückliche
Gestatten dieser inneren, abgelehnten Strebung wird das innere
Gleichgewicht, das „Patt" gekippt und eine Seite gewinnt die Ober-
hand. Welche Seite das ist, die „sündige" Seite oder die vernünftige, hängt allein vom Charakter des Klienten ab.

Der ProSt-Anwender hat lediglich das „Kippen" begünstigt, aber
nicht wirklich zu etwas Bestimmtem geraten, da er bei seiner Intervention immer gewisse Marker mitliefert, die den Unernst seiner
„Ratschläge" andeuten. Trotzdem destabilisiert diese Pseudo-Er-

laubnis zu „sündigen" das innere Patt genügend, um die Situation wieder in Fluss zu bringen, so dass der Klient eine neue Entscheidung treffen kann.

A wie „Alter abfragen"

Eine beliebte Methode des ProSt-Anwenders ist, während des Gesprächs – unvermittelt und unerwartet – das Alter des Klienten abzufragen. Der bisherige Gesprächsverlauf wird unterbrochen, was den Klienten aus seinem momentanen Gefühls- und Denkrahmen herauswirft. Das ist vor allem dann besonders wirksam, wenn der Anwender das genannte Alter nun in übertriebener Form in den Kontext zum Problem des Klienten stellt (z.B. *„Oh, Sie schleppen Ihr Problem schon 35 Jahre lang mit sich rum! Da ist es kein Wunder, dass Sie ..."* oder *„Was, Sie sind schon 45 Jahre und haben immer noch keinen Mann! Ja, dann ist der Zug abgefahren..."* oder *„Mit Ihren 68 Jahren bringt es nichts mehr, wenn Sie lernen wollen mit dem Handy umzugehen! Dafür sind Sie schon zu alt..."*).

Zu jedem Alter gibt es bestimmte Klischees und Tabus, die der Anwender als Herausforderung einsetzt, da wir alle mehr oder weniger davon betroffen sind. Das macht ihm diese oft unbewussten Einschränkungen bewusst, so dass er sich leichter davon befreien kann.

A wie „Auf den Busch klopfen"

Nicht jede provokative Aussage bzw. Behauptung durch den ProSt-Anwender trifft ins Schwarze. Dies wird vor allem *demjenigen* Anfänger passieren, der noch relativ wenig klinischen Durchblick und therapeutische Erfahrungen besitzt. Der Anwender wird erfolgreicher, wenn er immer mehr auf seine Intuitionen achtet.

Wenn der ProSt-Anwender mit seiner Äusserung danebenliegt, wird er durch die Korrektur neue, nützliche Informationen bekommen. Er kann auch auf der Basis des bisherigen „Guten Drahtes" siehe auch –> Guter Draht) seine Aussage korrigieren. Auch kann er vielleicht sogar das Gegenteil seiner letzten Aussage vertreten, indem er sein „Danebenliegen" scherzhaft als „Test" für den Klienten deklariert.

Das ProSt-Gespräch lebt davon den Klienten immer wieder zu verwirren und ihn auch zum Widerspruch, zum Dagegengehen zu motivieren. Je mutiger der ProSt-Anwender „auf den Busch klopft" und gewagte Aussagen über ihn macht, desto mehr wird der ProSt-Anwender über seinen Klienten erfahren (und dieser auch über sich). Diese Informationen nutzt er dann im weiteren Gesprächsverlauf.

Wenn der ProSt-Anwender durch sein „auf den Busch klopfen" ein heikles Thema des Klienten aufgespürt hat, kann er dieses aufnehmen und nun darauf „herumreiten", um noch mehr über dieses, vom Klienten lieber verheimlichtes Thema zu erfahren. Der Zweck dieser Maßnahme ist dabei stets den Klienten hinter seiner Fassade hervor zu locken. **Relevant ist im „ProSt" alles, was den Klienten tief bewegt.**

Frank Farrelly entgegnete einem Paar, das die Sitzung mit der Frage begann: *„Über was sollen wir reden?"* lakonisch: *„Fangen wir doch gleich an mit dem, worüber Sie NICHT reden wollen!"*

A wie „Aussagen statt Fragen"

In konventionellen Therapien - wie z.B. der Psychoanalyse oder auch der Verhaltenstherapie - muss der Klient oft umfangreiche Fragebögen ausfüllen bevor die eigentliche Behandlung beginnt.

Ganz anders ist dies im ProSt-Beratungsgespräch. Da gibt es weder Fragebögen noch viele Fragen vor oder während des Gesprächs. Stattdessen wird der Klient mit einer Salve von Vermutungen, Unterstellungen und die Emotionen mobilisierenden Aussagen konfrontiert. Der Klient kommt so nicht dazu sein vorbereitetes Konzept abzuspulen sondern zeigt sich sehr schnell im „Hier und Jetzt" unzensiert und ungeschminkt.

Die *„Aussagen statt Fragen"* - Methode

hat eine Reihe von Vorteilen:

– Das Tempo des Austausches wird erhöht. Aussagen beschleunigen den Fluss wohingegen Fragen ihn bremsen. Durch Aussagen wird das Gespräch spontaner und lockerer.

– Aufgrund der Provokationen "platzt" der Klient mit Enthüllungen heraus, die er eigentlich für sich behalten wollte. Das Gespräch wird offener.

– Aussagen engen den anderen weniger ein als Fragen. Er kann darauf alles Mögliche antworten (meist das, was ihn am meisten tangiert). Das Gespräch wird bunter.

– Mit Aussagen zeigt der Anwender mehr von sich als mit Fragen. Das Gespräch wird persönlicher.

Da der Klient nicht die Zeit hat, die man sich nehmen „darf", wenn man auf eine Frage antwortet, reagiert er ohne Zensor auf sein Gegenüber. Das Gespräch gewinnt dadurch an Tempo, Ursprünglichkeit und Echtheit.

Alles was der Klient im ProSt-Gespräch nonverbal oder verbal von sich gibt, greift der geschickte ProSt-Anwender auf und kontert es mit provokativen Elementen.

Dabei verwendet er kein vorgefertigtes Konzept, sondern reagiert selbst auch spontan im „Hier und Jetzt" auf den Klienten. Die Ursprünglichkeit und Frische eines solchen Austausches ist eine wohltuende Abkehr von den so häufigen, in fader Routine erstickten „Therapeut-Klient-Rollenspielen".

B wie „Bewegen durch Antreiber"

Durch die übermäßige Betonung von Leistung in unserer Gesellschaft bekommen Kinder im Laufe ihrer Sozialisation oftmals sogenannte **„Antreiber"** oder innere **„Druckmacher"** vermittelt [24], die in Stress-Situationen leider alles andere als hilfreich wirken. Mit einem „Antreiber" im Kopf bekommt man lediglich zusätzlichen Druck, der die Leistung eher vermindert als stärkt.

„Antreiber" sind:

„Streng Dich an!"

„Mach schnell!"

„Sei perfekt!"

„Mach's allen recht!"

„Sei stark!"

---

[24] Das Konzept der „Antreiber" wurde von Taiba Kahler 1974 im Rahmen der Transaktionsanalyse dargestellt.

Der Klient tut sich dann auch schwer damit sich zu akzeptieren „so wie er ist" und fühlt sich ständig „nicht gut genug" und verbesserungsbedürftig. Als Dauerzustand führt das am Ende zu psychosomatischen Krankheiten, zu Bluthochdruck bis hin zum Burnout.

In den Sitzungen wird der ProSt-Anwender genau *denjenigen* „Antreiber" so richtig übertreiben und ins Absurde überzeichnen, der den Klienten am meisten plagt. Dadurch wird er resistent gegen diese Stimme in seinem Kopf und schmunzelt bald nur noch, wenn sie sich regt, statt sich - wie früher - zu verkrampfen.

Der ProSt-Anwender spricht „Antreiber" sehr gerne an und integriert diese z.B. in der Anwendung der sogenannten „Advokatus-Diaboli-Technik". Er sagt z.B. zu seinen Klienten:

„Strengen Sie sich noch mehr an, machen Sie noch schneller, verrichten Sie Ihre Arbeiten ohne Pausen, machen Sie es allen recht!".

„Wenn Sie auch nachts noch arbeiten und auf Schlaf verzichten, wird zwar Ihr Bluthochdruck immens steigen, aber dafür gibt's ja Pillen".

„Wenn Sie so richtig auf Hochtouren laufen, werden Sie dadurch lebendiger, haben laufend das wunderbare Gefühl wichtig und unentbehrlich zu sein, bis ..., ja bis Sie dann in die Grube fallen. Ihr früher Tod erfreut Ihre Erben, denn die müssen sich um keinen Pflegefall kümmern und können – dank Ihres eifrigen und unermüdlichen Schaffens – das eigene Leben dann in vollen Zügen geniessen, sozusagen stellvertretend für Sie. Na, wie gefällt Ihnen das?"

Das Provozieren von wunden Punkten verhilft zu Bewusstheit und fördert durch das ständige „Hineinbohren" die Resilienz und Widerstandskraft.

B wie „Bewährungsproben statt Loben"

Es gibt Klienten, die dem Behandler gerne schon früh (oft zu früh in der Behandlung) Erfolgserlebnisse berichten wollen. Entweder tut er dies aus einem falsch verstandenen „positiven Denken" heraus oder weil er dem Behandler gefallen will. Hier wird der gewiefte Behandler zurückhaltender reagieren als der Anfänger, der in seiner Ausbildung gelernt hat, dass man erwünschtes Verhalten „verstärken" soll (was dann leider oft in „Totloben" ausartet).

Besser ist es, wenn der ProSt-Anwender ungläubig auf die geschilderten Fortschritte reagiert. Er wird das neue Verhalten des Klienten als Zufall, Ausrutscher oder sogar als Mißgeschick deuten, das ganz bestimmt bald wieder sang- und klanglos verschwinden wird. Zum Beispiel sagt er zu seinem Klienten: „ *... nicht mehr depressiv? Keine Sorge, in einer Woche sind Sie wieder ganz die Alte!"*). Hierbei wird der Klient nicht vorschnell und üppig gelobt. Dadurch ist er weit stärker motiviert dem Behandler „zu beweisen", dass er einen echten Schritt nach vorne getan hat.

B wie „(inneren) Bewerter ausschalten"

Wenn sich der ProSt-Anwender von seinen eigenen Bewertungen unter Druck gesetzt fühlt wird er sich damit schwer tun, mutig neue, ungewöhnliche, herausfordernde und humorvolle Wege zu gehen. Erlaubt der eigene innere Zensor nicht, dem Klienten z.B. unsinnige Lösungen anzubieten, ihn zu verwirren, scherzhaft zum Sündigen aufzufordern etc., fehlt die Basis für provokatives Arbeiten. In solchen Fällen sollte der Anwender den Einfluss seines inneren Bewerters reduzieren, indem er eine Reihe bestimmter Übungen in seinen Alltag einbaut. Beispiele sind etwa

Verhaltensabenteuer wie **„Ketten durchbrechen"**, **„Kauder-welsch sprechen"** und **„Impro-Theater-Szenen"** im Alltag zu spielen.

Ein guter Anfang wäre auch, die drei „Sozialen Korsetts" abzustreifen, die die Sozialisation uns angelegt hat. Dadurch legt der Anwender einengende Reflexe ab und gewinnt an Spontaneität, Überzeugungskraft und Glaubwürdigkeit.

Zu den „Sozialen Korsetts" gehört das „Korsett"

- des Alltagstrotts (jeden Tag dieselben Routinen abzuspulen)

- des „was denken die anderen von mir?" und

- der Rollenerwartungen (sich den Erwartungen des Gegenübers konform zu verhalten)

B wie „Bilder erzeugen"

Der Erfolg eines ProSt-Beratungsgespräch ist abhängig von der Fähigkeit des Anwenders in seinem Klienten während der Sitzung möglichst viele emotional geladene Bilder zu erzeugen. Einerseits versetzt ihn das in eine leichte Trance (das Unbewusste wird aktiviert) und andererseits bleiben diese Inhalte durch die provokante Wortwahl besser im Gedächtnis haften [25].

Bilder wirken schon beinahe wie „Gehirn-Implantate", die dem Klienten nicht mehr aus dem Kopf gehen und ihn ständig bewusst und wachsam halten. Das vorher unbewusst ablaufende Problemverhalten wird durch emotional geladene und merkwürdige Bilder unterbrochen. Das ist die Basis für einen Veränderungsprozess.

---

[25] Arthur Schopenhauer: **„Der Wille (Gefühl) ist der Haftgrund des Gedächtnisses"**.

Durch die Verknüpfung mit humorvollen Assoziationen treten nun in der Problemsituation auch ganz andere Gefühle auf, was wiederum alternatives Verhalten stark begünstigt. Was vorher Angst, Beklemmung, Peinlichkeit, Suchtverhalten, Wut oder Ärger ausgelöst hat, bekommt einen Touch von Lächerlichkeit – und das befreit!

B wie „Bleib-wie-Du-bist-Technik"

Da der Mensch sich gewöhnlich an das hergebrachte Selbst- und Weltbild klammert, fällt ihm Veränderung nicht leicht (sonst wären unsere Klienten nicht bei uns in der Beratung bzw. Psychotherapie „gelandet").

Bei manchen ist allerdings die Eigenmotivation und Anstrengungsbereitschaft derart schwach ausgeprägt, dass sie sich am liebsten mit einem tiefen Seufzer in unseren Sessel fallen ließen und dann als „Konsument" uns, die Berater, die ganze Arbeit tun lassen würden nach dem Motto: „Hier bin ich! Nun machen Sie mal!".

Wenn der erfahrene ProSt-Anwender die „Konsumenten"-Haltung beim Klienten wittert, lehnt auch der ProSt-Anwender sich zurück und vertritt die Haltung: *„Wozu denn verändern? Es ist doch alles ganz o.k. so, wie es ist!"* und macht dem Klienten dadurch bewusst, dass *er* es doch ist, der Veränderung möchte. Er lässt sich das „Wollen" also nicht delegieren (genauso wenig wie das Denken). Der erfahrene Anwender weiß nämlich, dass er an den kürzeren Hebel geraten würde, wenn er sich jetzt mächtig ins Zeug legen und dadurch signalisieren würde, dass er mehr will als der Klient.

Durch das Manöver des *„Bleib so wie Du bist"* bleibt dem Klienten nichts anderes übrig als nun selbst den Part des Veränderungswilligen zu übernehmen und damit auch die Verantwortung dafür, dass in dieser Sitzung etwas vorwärts geht. Tut er das nur halbherzig, wird er seinen Veränderungswillen dann auch noch gegen den Widerstand des ProSt-Anwenders behaupten müssen, der immer wieder aufzeigt, wie annehmbar doch der jetzige Zustand wäre und wie groß der Aufwand und die Mühe sein wird, daran etwas zu verändern. Die Maxime sollte sein: *„Ist die Response zu schwach, frustriere sie, damit sie am Widerstand wachsen kann!"*.

C wie „Chaos erzeugen im Denken und Fühlen"

Durch den Einsatz unterschiedlicher provokativer Kommunikationselemente (z.B. verblüffendes Durchbrechen sozialer Normen, Irritationen durch häufige Meinungs- und Positionswechsel, maßlose Übertreibungen, absurde und überzogene Behauptungen und Unterstellungen etc.) gelingt es dem ProSt-Anwender, seinen Klienten aus den gewohnten Denk-, Gefühls- und Verhaltensbahnen zu drängen. Der Klient findet sich in einer Art „Ping-Pong-Spiel" der Positionen und Sichtweisen wieder, was ihn zunächst desorientiert. Schon **Dr. Milton Erickson** betonte des öfteren: **„Die Unvoraussagbarkeit des Therapeuten zwingt den Klienten in neue Denk- und Verhaltensmuster".**

Von Anfang an legt es der Anwender darauf an, die Alltagsorientierung des Klienten zu durchbrechen. Gerade dann, wenn der Klient schon Vorerfahrungen mit Therapien hat, ist es unabdingbar ihn in einen Zustand zu versetzen, der ihm *nicht* vertraut ist. Er muss innerlich sagen: *„Dieses Mal ist es aber total anders!"*. Paradoxerweise ist *genau das* nötig, um Zuversicht zu wecken. Das Ungewöhnliche der Situation lässt ihn dann nämlich auch ungewöhnliche Heilungschancen erwarten.

59

Durch die provozierenden Techniken entsteht Verwirrung und Chaos im Denken und Fühlen des Klienten. Er kann nicht mehr in seinen alten – ihn blockierenden – „Denkrillen" bzw. seiner belastenden Gefühlswelt verharren. Durch Chaos kommt alles in Bewegung und ein Korrigieren des eigenen Selbst- und Weltbildes, ein neues „Einjustieren" wird möglich.

C wie „Cold Reading"

Der Ausdruck „Cold Reading" besagt: Dem anderen Zutreffendes „auf den Kopf" zu sagen, was man von ihm nicht erfahren hat. So etwas erzeugt beim anderen den Eindruck, vom Gegenüber treffend erfühlt, erkannt oder durchschaut zu werden. Im Beratungsgespräch hat das „Cold Reading" den Vorteil, dass der Klient rasch von der Kompetenz des Beraters überzeugt ist. Der Klient hat den Eindruck, dass der Berater Bescheid weiß. Der Klient wird sich ihm aufgrund dessen leichter anvertrauen. [26]

Eine wesentliche Grundlage für das „Cold Reading" ist - abgesehen von guter Beobachtung und Intuition - unter anderem die Kenntnis statistischer Ermittlungen zu populären Themen, z.B. „Wie verhalten sich typischerweise Männer bzw. Frauen?" oder „Wie fühlen, denken oder handeln Männer bzw. Frauen über 30, 40 etc.?". Mittlerweile bekannte statistische Ergebnisse sind: *„Männer leben länger, wenn sie verheiratet sind"*, *„Männer wollen mehr Sex als Frauen"*, *„Viele Frauen täuschen ihren Orgasmus vor"* usw.

---

[26] Ich nahm vor über zehn Jahren an einem „Cold Reading-Kurs" teil. Der Trainer ist ein exzellenter „Cold Reader" (ehemaliger Weltmeister in der Zauberei). Von ihm erfuhr ich wertvolle Geheimnisse über diese Kommunikationsweise und das Formulieren zutreffender Aussagen, mit denen sich das Gegenüber voll verstanden fühlt.

Der erfahrene ProSt-Anwender wird solche statistischen Erkenntnisse im Gespräch überzeichnen. Er wird sie noch drasti-
scher darstellen und sein „Cold Reading" durch Gestik und Mimik bildhaft untermauern. Dadurch fühlt sich der Klient richtig er-
fasst, kann sich leichter öffnen und seine Gefühle, Gedanken und
Handlungen offener kundtun. Das hilft ihm wiederum sich selbst
zu akzeptieren, eine der wichtigsten Voraussetzungen für Veränderung. Kurz: Der gekonnte Einsatz von „Cold Reading" stärkt
den „Guten Draht" zum Klienten und lässt ihn auftauen.

D wie „Defensiv-Muster"

Der ProSt-Anwender führt das ProSt-Beratungsgespräch und verhält sich nicht defensiv!

Ein defensives Verhalten ist gekennzeichnet durch:

Erklärung

Rechtfertigung

Entschuldigung

Erklärt, rechtfertigt oder entschuldigt sich der ProSt-Anwender,
dann wirkt er schwach, ohne Rückgrat und wenig glaubhaft. Von
dieser Regel gibt es natürlich Ausnahmen (wenn es z.B. angebracht ist, sich zu entschuldigen, weil man die Rechte eines anderen verletzt hat). Im allgemeinen aber lässt sich sagen, dass ein
ProSt-Anwender, der nicht jederzeit seine Souveränität zurückge-
winnen kann, sehr bald an Einfluss und Wirkung verliert (siehe
auch –> Souveränität und –> Dominanztechniken).

D wie „zum Dialog erziehen"

Es gibt Klienten, die am liebsten die ganze Gesprächsstunde lang ohne Punkt und Komma reden würden. Der Therapeut soll dann einfach nur zuhören und alles über sich ergehen lassen (das „Klagemauer-Modell" einer Therapie).

Der ProSt-Anwender unterbricht Vielredner frühzeitig und erzieht sie zum Dialog. Dazu unterbricht er den Vielredner oder redet ganze Passagen simultan mit ihm, wenn sein muss auch über etwas ganz anderes. Er spiegelt das Sprechverhalten des anderen, bis diesem dämmert, dass „Simultan-Monologe" in ihrer Ergiebigkeit nicht an produktive Gespräche heranreichen.

In typischen ProSt-Sitzungen ist es sogar anders herum. Da redet der ProSt-Anwender die meiste Zeit und nicht der Klient. Der ProSt-Anwender schildert dann ausführlich z.B. unerträgliche Zukunftsszenarien, erzählt Beispiele aus seinem eigenen Leben oder bringt Erfahrungen anderer Klienten ein, so dass das Gegenüber in eine Art „Trance" versetzt wird. Der Klient regrediert und wird dadurch aufnahmefähiger für Neues.

Dann gibt es allerdings auch Klienten, die am liebsten die ganze Sitzung über nichts sagen würden um den Therapeuten die ganze Arbeit tun zu lassen. Auch diese Klienten erzieht der ProSt-Anwender zum Dialog, indem er z.B. jede winzige Regung am Körper des Klienten kommentiert und als valide Antwort interpretiert (z.B. das Zittern seiner Finger, das Zappeln mit den Füssen, ein nervöses Augenzwinkern, sich am Kopf zu kratzen, das beschleunigte Atmen, ein Erröten usw.). Das ist für den Klienten zunächst überraschend, nach einiger Zeit aber auch belustigend, zumal er dabei auch einiges über sich selbst und seine unbewussten Regungen erfährt.

Besonders motivierend ist die Methode, dem Klienten inakzeptable Aussagen in den Mund zu legen, damit dieser heftig protestiert und korrigiert. Das muss natürlich immer im Einklang mit dem „Guten Draht" geschehen, was durch humorvolle „Einsprenkler" gesichert werden kann.

D wie „Dominanz-Techniken"

Mit den sogenannten „Dominanz-Techniken" zeigt der ProSt-Anwender Souveränität. Er versteht es, jederzeit als *die Situation bestimmend* dazustehen. Dies ist sehr wichtig, damit die Provokationen auch richtig wirken werden. Lässt der ProSt-Anwender es zu, dass der Klient (oder Zuschauer) über ihn bestimmt, dann verliert er an Einfluss und Wirkung. Deshalb ist es so wichtig die „Defensiv-Muster" zu vemeiden.

Mit Hilfe der 3 „Dominanz-Techniken"
behält der ProSt-Anwender die Führung:

Die „Kommando-Technik"

Bei dieser Technik wird einfach ein Ansinnen an den anderen gestellt. Das kann ein Befehl, ein Kommando oder eine Aufforderung sein. Auch eine simple Frage hilft da schon, weil auch dies bereits die Aufforderung zu antworten beinhaltet.[27]. Die **„Kommando-Technik"** ist die gröbste Form der „Dominanz-Techniken". Sie **beinhaltet** auch eine **große Gefahr: Wenn sich nämlich der andere offen weigert, der Aufforderung nachzukommen, kann es zum Machtkampf und zur Eskalation kommen.** Weit sicherer sind in dieser Hinsicht die „Scheinwerfer-Technik" oder die „Hintertreppen-Technik".

---

[27] Bemerkenswerterweise hat Dr. Milton Erickson fast nie auf Fragen direkt geantwortet, sondern meistens in Form einer Geschichte, einer Anekdote oder Tangentialbemerkungen.

Die „Scheinwerfer-Technik"

Bei dieser Technik macht der Anwender irgend eine beurteilende Bemerkung über das Kommunikationsverhalten des Gegenübers. Dabei ist es egal, ob die Bemerkung zustimmend oder kritisch ist (z.B. „Sie klingen sehr überzeugend!", „Sie sehen aber müde aus heute!"). Der Bewerter ist (ausser beim dezidierten „Anhimmeln") in einer erhöhten Position, d.h. der andere steht im Scheinwerfer der Beurteilung und ist gewissermaßen abhängig von dessen Meinung.[28] Dies mag der Grund sein, warum man häufig als erste Entgegnung auf knifflige Fragen hört: „Das ist eine sehr gute Frage!".

Die „Hintertreppen-Technik"

Diese Technik ist die subtilste der drei „Dominanz-Techniken" und auch die am schwersten zu erlernende. Sie besteht darin, dem momentan Dominierenden zu *gestatten* einen zu dominieren, ja, es ihm praktisch zu „befehlen". Den Namen hat diese Technik, weil wir uns, als dominierte Person, quasi über eine „Hintertreppe" in eine überlegene Position schleichen und von dieser aus dann dem Dominierenden die Anweisung geben, dass er dominieren bzw. *wie* er weiterhin dominieren soll. Das kann auch auf subtile Weise geschehen.

Dr. Milton Erickson soll einmal zu einem aufgebrachten Patienten, der über ihn und allgemein alle Psychiater schimpfte, gesagt haben: ***„Sie haben bestimmt einen guten Grund so zu schimpfen. Und sicher haben Sie noch* einiges *mehr auf Lager!"***. Diese subtile Erlaubnis, *noch mehr* zu schimpfen, reichte aus, um den Wutausbruch des anderen zu dämpfen.

---

[28] Beim wachsamen ProSt-Anwender wird eine innere Alarmglocke losgehen, wann immer der Klient ihn allzu auffällig lobt, da dies ein Köder sein kann, ihn in eine „Submisions-Position" zu locken.

D wie „Dosierung"

Beim Provozieren kommt es sehr auf das Dosieren an. Ist der ProSt-Anwender zu deftig, schockiert er den Klienten oder verliert den „Guten Draht" zu ihm (Hilfsmittel sh. –> Zitat-Technik. Ist der ProSt-Anwender aber zu zart und zaghaft in seinen Provokationen, dann merkt der Klient nicht, worauf der Berater hinaus will. Die Wirkung seines provokativen Vorgehens ist „gleich Null".

Dasselbe gilt für Witze und Humor: Allzu subtil und der Klient bekommt den Witz nicht mit. Ist der Witz zu durchschaubar und voraussagbar, fühlt sich der Klient unterschätzt. In beiden Fällen fällt der Witz „auf den Bauch" und verfehlt die beabsichtigte Wirkung.

E wie „Einstieg in das ProStBeratungsgespräch"

Bevor überhaupt der erste Satz gesagt wird, beobachtet der ProSt-Anwender aufmerksam seinen Klienten: Wie betritt er die Bühne bzw. den Praxisraum? Wirkt er selbstsicher oder fühlt er sich klein und schüchtern? Welche Kleidung trägt er: auffalllend, lässig, schlampig etc.? Wie riecht er: nach Schweiß, Parfum etc.? Wie ist seine gesamte Körperhaltung: aufrecht, schief etc.? Ist er unter-, normal- oder übergewichtig?

Die Gesamterscheinung des Klienten wirkt auf das Gegenüber. Der erfahrene und mutige ProSt-Anwender stellt seinen Klienten gleich zu Anfang schon unmittelbar ins „Scheinwerferlicht". Er lässt seinen ersten Eindruck – auf den Klienten abgestimmt – schon in seinen ersten Bemerkungen anklingen.

Die Technik des *„Sprich das Offensichtliche frei aus"* demonstriert gleich von Anfang an, dass soziale Konventionen, die z.B. vorschreiben, dass die Fettleibigkeit oder der scharfe Geruch eines Gastes geflissentlich zu übergehen ist, in diesem Austausch nicht gelten.

Hier kommt „frank und frei" alles zur Sprache, was durch das Auftreten des anderen in den Köpfen Anwesender entsteht. Der ProSt-Berater ist sozusagen ein „gemieteter Freund", dem man alles sagen kann und der einem auch alles sagt! Da gehört Mut und Taktgefühl dazu. Mut, weil es einem der andere nicht dankt. Und Taktgefühl, weil man genau die richtige Dosierung von Ehrlichkeit und Offenheit finden muss, die der andere gerade noch verkraftet.

Das „Offensichtliche ansprechen" hat zwei Wirkungen:

– Der ProSt-Anwender ergreift als Behandler die Initiative und geht damit von Anfang an in Führung.

– Der ProSt-Anwender spart sich die üblichen „Smalltalk-Floskeln". Er gibt damit zu verstehen, dass er sich über soziale Klischees hinwegsetzt und gleich zum Wesentlichen kommt.

Jeder Beginn einer Interaktion setzt Maßstäbe und legt einen gewissen Rahmen fest. Ein Berater, der förmlich auftritt und erst einmal höflich-dezente Fragen stellt, limitiert sich damit auf einen relativ engen, konventionellen Rahmen. Deshalb wird nach einer solchen Einleitung ein riskanter Scherz sicherlich nicht mehr als angebracht empfunden.

Will man im „Provokativen Stil" das Beratungsgespräch führen, dann ist es empfehlenswert gleich zu Anfang einen Scherz zu bringen oder einen kleinen Schock auszulösen durch eine unkonventionell offene Bemerkung. Dr. Milton Erickson lieferte unzählige Beispiele dafür, wie knallharte Offenheit gleich zu Anfang einer therapeutischen Beziehung immens hilfreiche Impulse setzen kann.

E wie „Emotionale Beteiligung durch Erregen"

Ohne emotionale Beteiligung gibt es keine Veränderung im Fühlen, Denken und Handeln. **Die Emotionen sind die entscheidende Voraussetzung für Verhaltensänderungen.** Der Grund dafür ist leicht einzusehen, wenn man die Schopenhauer'sche Erkenntnis verinnerlicht hat, nach der das Wesentliche am Menschen nicht sein Intellekt, sondern sein Wollen (oder wie Arthur sagt), der WILLE ist.

Unseren eigenen Willen erkennen wir nur an unseren Gefühlen. Der Wille ist zum größten Teil unbewusst. Jedes Gefühl ist eine Willensregung. Und **nur, was unseren Willen anspricht, bewegt uns!** Was über den Intellekt vermittelt wird lässt uns ziemlich kalt. Das ist der Grund, warum nur eine Behandlung, die den Willen, d.h. die Gefühle anspricht, entscheidende Wirkungen hervorbringt.

Alle Methoden und Maßnahmen, die den Willen ansprechen, befördern somit das Ziel einer Therapie: Veränderung. Zu den wichtigsten Methoden gehören hier die Unvoraussagbarkeit, überraschende Umdeutungen und Sichtwechsel, Rituale und natürlich emotionsgeladene Bilder und Vorstellungen, die der Behandler beim Klienten induziert.

Je geschickter der ProSt-Anwender durch solche emotional geladenen Bilder und Bezeichnungen (z.B. „... *wie eine verwelkende Blume / alternde Matrone / sexbessener Mann / zertifizierte Nymphomanin / ein Niemand*" etc.) seinen Klienten aus der Reserve locken kann, desto mehr Emotionen (und hilfreichen Widerstand) wird er damit erzeugen. Ebenso sind alle Tabu-Themen wie der eigene Körper, Sex, Geld, Tod oder Recht und Gerechtigkeit emotional geladen und vom Klienten in der Regel entsprechend emotional besetzt.

E wie „Esel am Schwanz ziehen"

Dr. Milton Erickson erzählte Hans-Ulrich Schachtner während seines Aufenthalts in Milton's Wohnhaus die Geschichte vom Esel. Sein Vater, ein Bauer, versuchte einen störrischen Esel in den Stall zu ziehen, was ihm nicht gelang. Als sein Vater sah, dass der junge Milton seinen Bemühungen grinsend zusah, rief er ihm zu: *„Wenn Du es besser kannst, dann mach Du es doch!"*. Daraufhin bat Milton seinen Vater, den Esel nur ganz leicht nach vorne zu ziehen, während er sich hinter das Tier stellte und es ganz fest am Schwanz nach hinten zog. Daraufhin sprang der Esel plötzlich vehement in Richtung Stall, so dass er den Vater dabei fast umstieß. Der Esel zeigte seinen Widerspruchsgeist. Diesen Mechanismus nutzte Milton Erickson oft auch bei seinen Klienten (Die **„Den Esel am Schwanz ziehen"-Methode**).

Der ProSt-Anwender äussert mutig herausfordernde Aussagen, von denen manche dem Klienten unterstellen, dass er eine Veränderung seiner Situation nicht schaffen kann. Zugleich gibt er aber über nonverbale Signale (z.B. Berührung am Arm oder Schulter, Augenzwinkern oder andere mimischen oder gestischen Verstärker) zu verstehen, dass er dem Klienten sehr wohl zutraut, sein Denken und Handeln zu verändern.

Die deftigen verbalen Behauptungen und Unterstellungen sollen den Klienten dazu verleiten seinen Widerspruchsgeist zu motivieren. Das mobilisiert seine Kräfte und schafft eine Basis für Verhaltensänderungen. Da die nonverbalen Signale ermutigend wirken, entsteht eine Diskrepanz. Diese „Double-bind"-Kommunikation wirkt auf den Klienten gesundmachend, da die (nonverbale, glaubwürdigere) Aussage positiv ist. Krankmachende Kommunikation verwendet das entgegengesetzte Muster: wohlklingende Worte und ablehnende Gestik und Mimik. Der Anwender unterbricht und neutralisiert also durch seine paradoxen, widersprüchlichen, aber akzeptierenden Kommunikationen das krankmachende Muster (früherer) doppeldeutiger Aussagen, die dem Klienten Kraft und Zuversicht raubten.

Wenn der ProSt-Anwender überzeugt ist, dass sein Klient die Kraft zur Veränderung besitzt, dann traut er sich auch seinen Klienten zu provozieren und desto stärker wird auch dessen heilsamer Widerstand sein. Die **„Das wäre doch gelacht!"*-Reaktion**, das „Dem zeig ich's aber, dass ich durchaus imstande bin zu ...!" **ist eine äußerst stärkende und gesundmachende Reaktion. Der Widerstand des Klienten ist eine Selbstbehauptung und stärkt sein Selbstwertgefühl.**

E wie „Etikettierungen"

Je treffender eine Etikettierung des ProSt-Anwenders ist, desto mehr fühlt sich der Klient richtig gesehen. Er wird sich möglicherweise leichter so akzeptieren wie er nun gerade ist.

Etikettierungen sind allerdings auch immer Pauschalisierungen, d.h. der Klient wird dadurch auf wenige, manchmal nur eine einzige Eigenschaft reduziert. Auch wenn es den Klienten zunächst zum Lachen oder Schmunzeln reizt – auf lange Sicht soll er dadurch provoziert werden sich dagegen zu wehren. Eine der fünf Eigenschaften, die der ProSt zu stärken beabsichtigt ist die adäquate Selbstbehauptung. Nur verlegen zu grinsen ist keine genügende Reaktion auf eine Etikettierung, die die eigene Würde wieder herstellen soll.

Wenn sich ein Klient beispielsweise selbst als „faulen Sack" empfindet und der ProSt-Anwender das Denken, Fühlen und Verhalten seines faulen Klienten bildhaft beschreibt, dabei die Vorteile ausge-

schmückt hervorhebt und die Nachteile hingegen als unwichtig ab-
tut, dann wird der ProSt-Anwender damit die gute Beziehung zu
seinem Klienten festigen. Auch wird der ProSt-Anwender damit seinen Klienten schnell zum Schmunzeln oder zum Lachen bringen.
Durch die Lockerheit des Austausches haben beide Spaß und werden im Gespräch kreativer, ehrlicher und „befruchten" sich wech-
selseitig.

F wie „Fähigkeiten des ProSt-Anwenders"

Neben gewissen Voraussetzungen, die der ProSt-Anwender mit-
bringen sollte (z. B. mit sich selbst im Reinen zu sein, ein gewisser
Fundus an Erfahrungen im beraterischen Bereich, Einhaltung der
„Leuchtturmprinzipien") gibt es auch noch eine Reihe spezifischer
Fähigkeiten (z.B. „durch die Blume sprechen"). Der engagierte
ProSt-Anwender wird sich diese aneignen, immer weiter üben und
verfeinern, um einen hohen Standard im ProSt-Beratungsgespräch
zu erreichen.

Als erstes zu nennen ist die Fähigkeit **„durch die Blume" zu sprechen**. Sie befähigt den Anwender…

- dem Gegenüber schnell und indirekt zu vermitteln, dass man
  „seine Sprache" spricht. Das Benutzen eines gemeinsamen
  Codes wird Vertrautheit hergestellt.

- die eigene Witzfertigkeit zu erhöhen. Das *„durch die Blume
  sprechen"* nutzt die Doppeldeutigkeit vieler Worte in unserer
  Sprache (Grundlage fast aller Witze und Scherze).

- sich auf sein Gegenüber einzustellen und die Provokationen
  exakt zu dosieren. Wenn die Dosis nämlich zu niedrig ist, geht
  der Lacheffekt verloren. Ist die Dosis zu hoch, dann überfordert
  sie den Klienten.

Als zweites zu nennen ist die Fähigkeit, beliebig die **Statusposition (Hoch- und Tiefstatus) zu wechseln**.
Durch diese Flexibilität ...

– bleibt der ProSt-Anwender immer „am Ball" und in Führung. Im Hochstatus hat man die Verantwortung. Der Klient könnte sich eingeladen fühlen die Verantwortung mehr als für ihn selbst gut ist auf den Behandler zu übertragen. Der Tiefstatus hingegen bringt zwar Sympathien, aber keine Führung und Kompetenzzuschreibung. Flexibler Wechsel nutzt die Vorteile und minimiert die Nachteile beider Positionen.

– ist der ProSt-Anwender nie zu „packen". Er steht in keiner Situation ohne Text da. Der Statuswechsel bringt eine große Rollenvielfalt, so dass die allgegenwärtigen Rollenzuweisungen durch andere kein Problem mehr darstellen.

Die dritte Eigenschaft, die der ProSt-Anwender ständig übt und verfeinert ist die Fähigkeit **„am längeren Hebel zu bleiben"**.
Dazu gehört ...

– die Defensivposition zu vermeiden. Durch Erklärungen, Rechtfertigungen und Entschuldigungen würde er signalisieren, dass er sich der Meinung anderer unterwirft und versucht in ihren Augen gut dazustehen.

– mit klarem Blick die Absichten anderer zu erkennen und diese in seinen Aktionen und Reaktionen zu berücksichtigen. Er übt dabei die Fähigkeit, Situationen stets so einzurichten oder zumindest darzustellen, dass andere mehr von ihm wollen als er von ihnen.

Mit den Fähigkeiten „durch die Blume sprechen", „Statuspositionen beliebig wechseln" und „am längeren Hebel bleiben" ist der ProSt-Anwender gut ausgestattet für einen erfolgreichen Umgang mit anderen. Da diese eben genannten Fähigkeiten allerdings auch missbraucht werden können ist die Frage zu klären: *„Wendet der ProSt-Anwender die Fähigkeiten zu seinem eigenen Vorteil oder zum Vorteil des Klienten an?"*.

F wie „Faulheit, Feigheit und Festgefahrenheit"

Als Hans-Ulrich Schachtner in den 70er Jahren erkannte, dass viele Probleme seiner Patienten auf einige wenige Eigenschaften zurückgingen, die allen Menschen eigen sind, suchte er nach dem gemeinsamen Nenner. Er fand dabei die **Wachstumsbremsen**, die jeder der drei Instanzen menschlicher Aktivität, dem **Denken**, dem **Fühlen** und dem **Handeln** anhaften.

Im körperlichen Bereich, dem Handeln, war sie schnell gefunden: Die Trägheit. Diese Wachstumsbremse nannte er *„Faulheit"*. Im zweiten Bereich, der Motivation bzw. dem Fühlen ist es die Tendenz zum Ausweichen, zum Kneifen, Ausreden zu gebrauchen, um sich bestimmten Herausforderungen nicht stellen zu müssen. Der Kürze halber nannte er diese Wachstumsbremse *„Feigheit"*. Die verborgenste Wachstumsbremse, nämlich die im Denken, fand er erst nach langem Nachdenken. Sie ist auch die am schwersten aufzuspürende, da sich der Denkende dafür sozusagen selbst betrachten muss, was niemals wirklich objektiv ist. Dazu braucht es immer ein Gegenüber. Das dürfte auch der Grund sein, warum ProSt-Berater mit dieser Wachstumsbremse am häufigsten konfrontiert werden: Sie kann man am wenigstens selbst „kurieren". Man braucht ein Gegenüber dazu [29]. H.-Ulrich

---

[29] Könnte das der Grund sein, warum vor allem Männer, die ja besonders anfällig für diese „Wachstumsbremse" sind, so selten Therapeuten aufsuchen, obwohl ihre Partnerinnen längst erkannt haben, dass nur das ihnen wirklich helfen könnte?

Schachtner gab dieser Wachstumsbremse zunächst den Namen „Dünkel". Und später dann - aufgrund seiner Vorliebe für Alliterationen - *„Festgefahrenheit"*. Damit ist alles gemeint, was man mit Bezeichnungen wie Arroganz oder Eitelkeit im Denken, Überheblichkeit, „fixe Ideen", „Besserwissertum", „Siebengescheit-Sein", Sturheit usw. meint.

Das **„Konzept der Wachstumsbremsen"** ist das **Kernstück des „Provokativen Stils"** und gleichzeitig auch sein Hauptanwendungsbereich. Da eine Erkenntnis nur so wertvoll ist, wie ihre praktische Anwendung hilfreich ist, machte sich H.U. Schachtner daran, die geeigneten „maßgeschneiderten" Konterstrategien für jede der Wachstumsbremsen zu entdecken und zu beschreiben. Sie lassen sich in einem einzigen Satz beschreiben:

Du blickst es nicht! (Denken)

Du brauchst es nicht! (Fühlen)

Du bringst es nicht! (Handeln)

F wie „Faulheit"

"Faulheit" ist eine der drei Wachstumsbremsen (auch „innere Schweinehunde" genannt), die verhindern, dass der Klient sich verändert. Diese Wachstumsbremse kann ein geschickter ProSt-Anwender lösen, wenn er weiß, wo er den Hebel ansetzen muss.

Wichtig ist, dass er als ProSt-Anwender am sog. „Längeren Hebel" bleibt (–> Längerer Hebel). Das bedeutet, dass er zu jeder Zeit deutlich macht, dass er weniger will als der Klient von ihm. Steht er nämlich unter dem Einfluss eines sog. „Antreibers" und möchte z.B. beweisen, dass er ein fähiger Therapeut ist, kann er ganz leicht „ausgehebelt" werden (Klient: *„Bis jetzt hat mir Ihre Therapie aber noch gar nichts gebracht!"* Klartext: „Strengen Sie sich mehr an!").

Konterstrategie für „Faulheit" (Du bringst es nicht!)

Der ProSt-Anwender fordert die Veränderungsbereitschaft eines trägen Klienten heraus durch eine Haltung des *„Finden Sie sich ab. Veränderung ist für Sie nicht drin!"* oder *„Leider fehlen Ihnen die Voraussetzungen, um dieses Problem zu meistern!"* [30]

Diese Haltung wird so lange beibehalten, bis der Klient aufbegehrt und die **„Das-wäre-doch-gelacht-Haltung"** einnimmt. Das kann man dann unschwer an der Körperhaltung, der Atmung, der Stimme und der verbalen Ausdrucksweise erkennen. Der Klient wird kraftvoller und ist motivierter, sein Leben zum Positiven hin zu verändern.

Das Aufbegehren des Klienten ist der Ausdruck eines Gegen-Willens. Nur wenn es gelingt, das (unbewusste) Wollen des Klienten herauszufordern, geht in der Therapie etwas vorwärts. [31]

---

[30] Ein schönes Beispiel für diese Technik zeigt das erste Rollenspiel auf der DVD „Best of Frank Farrelly": „Sie sind meine letzte Hoffnung".

[31] Die Erkenntnis, dass der Wille das Wesentliche und Entscheidende am Menschen ist und nicht sein Intellekt verdanken wir dem deutschen Philosophen, A. Schopenhauer, dessen Hauptwerk „Die Welt als Wille und Vorstellung" diesen Kernsatz akribisch belegt.

F wie „Feigheit"

"**Feigheit**" ist die zweite Wachstumsbremse. Damit ist jede Tendenz gemeint, einer Schwierigkeit oder Herausforderung auszuweichen. Dieses Ausweichen tarnt sich gerne als Vorsicht, vernünftiger Einwand oder auch mal als banale Ausrede. Der ProSt-Anwender kann diese Wachstumsbremse unterlaufen, indem er die Motivation des Klienten hervor-„kitzelt".

Konterstrategie für „Feigheit" (Du brauchst es nicht!)

Der ProSt-Anwender fordert den Widerspruch und die Eigenmotivation des Klienten heraus durch Aussagen wie: *„Wieso ändern? Es kann doch alles so bleiben, wie es ist!"*. Er zählt all die Vorteile der momentanen Situation auf und all die Gefahren und Nachteile, die sich durch eine Verhaltensänderung ergäben. Der ProSt-Anwender besetzt sozusagen den „Problemstuhl", d.h. er tut das, was der Klient bzw. sein unbewusster Wille tut, wenn er in seinem Problemstatus verharrt. Es bleibt dem Klienten nun nichts anderes mehr übrig als „den Stuhl zu wechseln", d.h. die Gegenseite zu vertreten.

Der Klient wird widersprechen und vehement für eine Veränderung der momentanen Situation plädieren. Dadurch hat sich das „Spiel" verändert. Jetzt wird der ProSt-Anwender all die Einwände, die *„Ja, abers"* und die Ausreden einsetzen, die bisher der Klient eingesetzt hat, um den Status quo aufrecht zu erhalten.

Die Konterstrategie für „Feigheit" entkräftet alle die Ausreden, so dass sie in Zukunft nicht mehr das Verhalten bestimmen werden. Der Klient ist praktisch dagegen „geimpft" worden! Eine äußerst potente Technik auch im Alltag und in der Partnerschaft ...

F wie „Festgefahrenheit"

"Festgefahrenheit" oder auch Dünkel, Sturheit, Denkarroganz oder Besserwisserei genannt ist die dritte Wachstumsbremse; sie ist die hartnäckigste. Die Klienten mit dieser Wachstumsbremse meinen entweder, dass sie zu wenig wissen, um jetzt schon handeln zu können (Ausrede um den Berater dazu zu bringen für den Klienten zu denken). Oder sie meinen, dass sie Recht hätten und andere nicht so Bescheid wüssten, wie sie selbst. Eine dritte Variante sind die sogenannten „fixen Ideen", bei denen ein Mensch unbelehrbar an einer Fehlwahrnehmung („Ich werde überwacht") oder unlogischen Schlussfolgerung festhält („wenn mein Partner nicht ans Handy geht, trifft er sich bestimmt mit einer anderen Frau"). Unter diese Rubrik fällt also jede Unbelehrbarkeit, die „idée fixe", Fanatismus, kurz: eine Festgefahrenheit im Denken, die keine neuen Sichtweisen zulässt.

Der ProSt-Anwender kann das festgefahrene Verhalten durch eine Reihe von Maßnahmen kontern. Er darf sich nur nicht in Diskussionen, Rechthaberei-Debatten und logische Beweisführungen hineinlocken lassen, denn darin ist der Klient oft sehr geschickt, so dass ihm auf diesem Weg nicht beizukommen ist. Diesen Weg haben auch meist schon unzählige andere vorher vergeblich versucht.

Konterstrategie für Festgefahrenheit (Du blickst es nicht)

Die Standardmethode bei Festgefahrenheit des Denkens ist Unlogik und Besserwisserei, am besten unlogische Besserwisserei.

Eine Variante der Festgefahrenheit des Klienten sind die Versuche, das Denken an den Behandler zu delegieren (was meistens in die beliebten „Ja, aber..."-Spielchen mündet). Die Fangfragen des Klienten „Warum bin ich nur so?", „Wieso hab' ausgerechnet ich so ein

Pech?" oder „Könnte das aus meiner Kindheit kommen?" usw. beantwortet der Anwender mit absurden und lachhaften Begründungen, im Brustton der Überzeugung geäußert, die den Klienten nur vor neue Rätsel stellen. [32]

Der ProSt-Anwender reagiert auf die Fragen des Klienten in weiser Zen-Manier mit „Koans" (nicht beantwortbaren Fragen), mit absurden, aber nicht falsifizierbaren Behauptungen und unpraktikablen Lösungen oder Vorschlägen. Wenn der Klient realisiert, dass der Anwender sich standhaft weigert, sich das Überlegen und Nachdenken delegieren zu lassen, beginnt er (im besten Fall) wieder selbst nach Lösungen zu suchen. Oder (noch besser): Er erkennt seine Grübelei und Fragerei als Ausweichstrategie, um die anstehenden Verhaltensänderungen hinaus zu schieben. Eine gesunde Reaktion auf die ProSt-Konter ist: *„Ich probier's jetzt einfach und tu was!"*

Die andere Variante der Festgefahrenheit ist die Unbelehrbarkeit, das Festhalten an einer Fehlwahrnehmung oder unlogischen Schlussfolgerung. Hier übernimmt der ProSt-Anwender die Sichtweise des Klienten auf eine Weise, die ihn zum „Experten" macht. Bei einem paranoiden Patienten übernahm H.-U. Schachtner gleich zu Anfang der Behandlung die Rolle eines „Experten für Beschattungsfragen". Er übertrieb die Vorsichtsmaßnahmen, die der Klient auszuführen hatte, um die „Verfolger" abzuschütteln - bevor er das nächste Mal in die Praxis käme - so sehr, dass der Klient es vorzog, keine Verfolger mehr überall zu „wittern".

---

[32] Man fragt sich natürlich, wieso Klienten solche „Ja,aber-Spiele" mit Therapeuten inszenieren, manchmal sogar über Jahre und mit vielen Therapeuten. Der Grund mag im Narzissmus zu finden sein: „Wenn ich schon nicht fertig werde mit meinem Problem, dann beweise ich der Welt, dass dieses Problem so groß ist, dass es **niemand** lösen kann!". Das ist sicherlich ein Trost für diese Klienten, so dass es ratsam ist, gleich zu Anfang einer Behandlung zu fragen, ob sich der Klient als „Trostpreis-Klient" sieht, oder ob er auf den Hauptgewinn aus ist (die Lösung eines Problems).

Sobald der Anwender sich in eine „Expertenrolle" für die skurrile Welt (bzw. Sichtweise) des Klienten etabliert hat, kann er damit spielen, d.h. er kann unhaltbare Thesen und Konsequenzen aufstellen, die das kritische Denken des Klienten auf den Plan rufen. Er tut das so lange, bis dieser seine eigene verworrene Wahrnehmungswelt kritischer betrachtet und seine unlogischen Schlußfolgerungen zu überprüfen beginnt und neu überdenkt.

F wie „Flexibilität des ProSt-Anwenders"

Der ProSt-Anwender kann sich sofort an die Situation anpassen um je nach Bedarf geschickt unterschiedliche Rollen einzunehmen. Während des ProSt-Gespräches verhält sich der ProSt-Anwender wie ein geborener oder z.B. ein gut ausgebildeter Spontan-Schauspieler (z.B. GALLI-Theater oder die sogenannten Impro-Theater). [33]

In einem Improvisationstraining übt der Anwender seine Flexibilität und seine Reaktionsfreudigkeit. Er bekommt ein Gespür dafür, welche Ausweichmanöver sein Klient einsetzt und kann dies blitzschnell in seine Interventionen einbauen. Die Grundmaxime des Spontan-Schauspielers ist: **Alle Angebote (des Gegenübers) werden angenommen!** Damit ist gemeint, dass man sich dem Fluss des Geschehens nicht entgegenstellt oder verweigert, sondern stets mitmacht, auch bei absurd-skurrilen Einfällen des Gegenübers.

Wenn der bekannte Impro-Lehrer, Keith Johnstone, z. B. in einem Rollenspiel auf einer Parkbank an die Person neben sich die Bitte richtet: *„Würden Sie so nett sein und mir ein Stöckchen werfen?"* sollte diese Person sich darauf einstellen, dass er jemanden neben sich hat, der sich einbildet ein Hund zu sein. Die Person sollte

---

[33] Die Adressen finden Sie im Anhang.

auf die Bitte hin adäquat zu reagieren. Und wie reagiert man adäquat auf jemanden, der sich einbildet ein Hund zu sein? Man tut ihm den Gefallen und wirft ihm ein Stöckchen.

G wie „Gelassenheit"

Der ProSt-Anwender verfügt über seine volle Inspirations- und Intuitionskraft, nur dann, wenn er in seiner Mitte ist. Bleibt er selbst absolut „antreiberfrei" und gelassen und fühlt er sich wohl in seiner Rolle als ProSt-Anwender, dann fallen ihm laufend provokative Ideen ein. Setzt sich der ProSt-Anwender jedoch durch schädigende innere Kommunikation unter Druck wie z.B. mit Gedanken wie *„Ich muss originell sein", „Ich muss kreativ sein!"* oder *„Ich muss witzig sein und den Klienten zum Lachen bringen!"* usw., dann sollte er eine kleine Pause einlegen und in die Mitte kommen. Oder er bespricht das unzufrieden abgelaufene ProSt-Gespräch mit seinem Supervisor, um künftig entspannter und gekonnter seine ProSt-Sitzungen abzuhalten. Die Supervision ist auch sehr zu empfehlen, wenn der ProSt-Anwender merkt, dass bestimmte Klienten ihn reizen oder verärgern können. Das Bearbeiten seiner „stakes" ist wichtig. [34]

G wie „Guter Draht" [35]

Der Anwender muss von Anfang an und kontinuierlich während des Gesprächs den „Guten Draht" aufrecht erhalten, um mit dem provo-

---

[34] Stakes sind Ansprüche an sich selbst und Eigenschaften, mit denen sich jemand allzu sehr identifiziert, so dass schon die Andeutung einer Infragestellung starke Emotionen auslöst.

[35] Der Ausdruck „Der Gute Draht" wurde von H.-U. Schachtner in den 70er Jahren eingeführt und soll das vieldeutige und deshalb missverständliche Wort „Rapport" ersetzen, das der Militärsprache entstammt.

kativen Kommunikationsstil beim Gegenüber erfolgreich zu sein. Der „Gute Draht" ist wie eine gute Telefonverbindung, ohne die eine Verständigung zwischen zwei Menschen nicht möglich wäre. Dies ist natürlich in jeder Beratungssituation oder Therapie eine „sine qua non". Im „Provokativen Stil" ist dies ganz besonders wichtig, weil sich der Anwender sonst nicht die kommunikativen „Drahtseilakte" und Provokationen „erlauben" dürfte, die den „ProSt" so effektiv machen.

Der ProSt-Anwender kann den „Guten Draht" durch nonverbale Signale wie zum Beispiel durch kurze freundschaftliche körperliche Berührungen am Arm, Fuß oder Hände in Kombination mit Schmunzeln oder Augenzwinkern aufrecht erhalten. Solche kleinen Berührungen und Gesten werden vom Unbewussten des Rezipienten als „Sympathie-Zeichen" registriert, als würde man sagen: *Du bist mir körperlich angenehm, ich bin dir gern nahe"*. Dann wirken auch deftige Worte oder Klartext nicht verletzend. Der Klient bleibt aufgeschlossen und nimmt dem Anwender nichts „krumm".

Die „Hohe Schule" des „Guten Drahts" ist es, von vornherein eine gut freundschaftliche Beziehung zu *implizieren.* Dabei versetzt man sich in das Gefühl, mit dem anderen *schon lange vertraut* zu sein. Wer das gut kann, bewirkt beim anderen fast hypnotisch das Gleiche. Diese „Instant-Vertrautheit" ist die hohe Kunst ein Gefühl von „gleicher Wellenlänge" zu induzieren, die sämtliche Maßnahmen der manchmal so mühseligen (NLP-)Rapportmethoden überflüssig machen.

Es versteht sich von selbst, dass man eine „Instant-Vertrautheit" nicht technisch erlernen sondern nur als Haltung „heranzüchten" kann. Frank Farrelly konnte sehr schnell eine Vertrautheit erzeugen. Er konnte es sich daher leisten, schon in den ersten zehn Sekunden eines Interviews provokative „Hämmer" zu bringen (wozu man dem Einsteiger nicht raten sollte!).

G wie „Gutes am Schlechten finden"

Der ProSt-Anwender ist ein Meister im Umdeuten und darin, die Dinge des Lebens aus der Schräglage heraus zu betrachten. Er findet auch an den übelsten Lebenssituationen noch brillante Aspekte, kann die miserabelsten Lebensstile als annehmbar und sogar als empfehlenswert beschreiben. Er findet gute und nachvollziehbare Gründe selbst für die unsinnigsten Verhaltensweisen. Das lockert die oft zu sehr eingeschränkte Sichtweise des anderen auf und wirkt wie ein befreiendes „Brainstorming", bei dem man auf völlig neue Lösungen kommen kann. Die Technik „Das Gute am Schlechten finden" eignet sich besonders für den Einsteiger hervorragend, um seine Einfälle zum Sprudeln zu bringen.

H wie „Helfersyndrom vermeiden"

Der ProSt-Anwender nimmt seinen Klienten ernst. Er hält sich nicht für überlegen oder klüger als sein Gegenüber. Deshalb gibt er auch keine (ernst gemeinten) Ratschläge, hilfreiche Tipps oder Handreichungen. Selbst wenn der Klient ihn um Rat fragt und ihn hilflos ansieht. Oder wenn er eine bemitleidenswerte Figur abgibt, lässt er sich nicht dazu verleiten, für ihn zu denken, ihm Mut zuzusprechen oder gar für ihn zu handeln (z.B. Telefonate für ihn tätigen oder irgendwelche Aufträge für ihn erledigen). Das ist für den Anfänger gar nicht so leicht, da man als Berater leicht in diese Rolle gedrängt wird (*„So helfen Sie mir doch!"*).

Die Kunst ist, die Hilfe auf eine Weise zu verweigern, so dass der „Gute Draht" nicht darunter leidet. Die Kunst dabei ist, trotzdem weder unkooperativ, inkompetent noch abweisend zu wirken. Das kann manchmal schwieriger sein als einem Freund seine Bitte um Geld abzuschlagen.

**Hier sind ein paar Standardsituationen,
die den Berater in die Helferposition locken sollen:**

1. „Können Sie mir helfen (oder einen Rat geben)?"
2. „Glauben Sie, dass ich das schaffe? (Mut zusprechen)"
3. „Könnten SIE das für mich tun?"

Die Standardreaktionen (je nach Fall abzuwandeln):

zu 1) Unsinnige oder unbrauchbare Ratschläge geben,

zu 2) dem Klienten das Beabsichtigte ausreden,

zu 3) sich als ungeeignet, schusselig oder zu faul hinstellen

H wie „Herumreiten auf einem wunden Punkt"

Wenn der ProSt-Anwender mal einen „wunden Punkt" des Klienten aufgespürt hat, wird er diesen nicht dezent übergehen, wie das im Alltag so üblich ist. Im Gegenteil, er wiederholt das Gefundene, verdichtet es in einem plakativen „Codewort", das er dann so oft erwähnt und einbringt, dass der Klient dieses nicht mehr vergessen kann und so sukzessive dagegen unempfindlich wird. Irgendwann kann er dann auch (hoffentlich) darüber lachen. Dieses „Codewort" ist im Gehirn „eingebrannt" und wird im entscheidenden Moment – wenn der Klient seiner Problematik im Alltag, Beruf oder in der Partnerschaft ausgesetzt ist – seine Bewusstheit auf den Plan rufen.

Wenn die Sitzung erfolgreich war, führt das dazu, dass der Klient sich nun nicht mehr so verhalten wird wie noch zu unbewussteren Zeiten, in denen er getriggert wurde, dann automatisch reagierte und sich deshalb ausgeliefert und als Opfer fühlte. Mit der neuen Einstellung zur Situation ist sein Denken und Fühlen wieder frei, sich spontan für ein anderes Verhalten zu entscheiden, er bekommt sich und die Situation jetzt besser in den Griff.

H wie „Hinter der Fassade hervorlocken"

So gut wie alle Menschen haben eine „Fassade". Sie zeigen je nach Gegenüber immer nur einen bestimmten Ausschnitt ihrer Person. Das wird nur in zwei Fällen zum Problem:

– wenn jemand dies *allen* Menschen gegenüber tut und somit keine Nähe mehr zulässt und erlebt (wodurch er emotional austrocknet)

– wenn er sich selbst etwas vormacht und glaubt, von anderen auch so gesehen zu werden, wie (geschönt) er sich selbst sieht.

In beiden Fällen ist der ProSt sehr hilfreich.

Im ersten Fall wird Vertrauen durch die unkomplizierte und herzliche Art des ProSt-Gesprächs aufgebaut. Die vielen Unterstellungen negativer Eigenschaften bei gleichzeitigem Wohlwollen ermöglichen dem Klienten, seine Maske fallen zu lassen. Wenn dies geschehen ist merkt der Klient, dass er auch „so, wie er nunmal ist" akzeptiert und gemocht wird. Dieses Initialerlebnis gibt ihm Mut, sich auch anderen wieder ungeschminkt zu zeigen und Nähe zu erleben.

Der zweite Fall ist schwieriger aufzulösen. Hier haben wir es mit dem Phänomen einer Diskrepanz zwischen dem Selbstbild und dem Fremdbild zu tun. So wie der Klient sich selbst sieht „beißt sich" mit der Sicht anderer von ihm. Dies führt dann zu ständigen Mißverständnissen und Reibereien. Hier ist der ProSt-Anwender in der undankbaren Rolle, dem Klienten die Augen zu öffnen darüber, wie andere ihn sehen. Genau das ist es nämlich, was alle Personen um den Klienten herum tunlichst vermeiden. Ein Feedback im provokativen Stil ist dringend erforderlich, um eine realistische Selbstsicht zu bewirken.

Diskrepanzen zwischen Selbst- und Fremdbild können sein:

Ich bin ...	Er ist …
witzig	nervig
geistvoll	langatmig
kreativ	sprunghaft
feinfühlig	betulich

Der ProSt-Anwender ist in der Tat ein (gemieteter) Freund, dem man alles sagen kann und – der einem alles sagt! Die unangenehmen Wahrheiten werden gemildert durch die freundlich-wohlwollende Grundhaltung des ProSt-Beraters und durch die humorvolle Art des „Rüberbringens". Hier zeigt sich die große Kunst der Dosierung jedes Anwenders: Trifft er den richtigen Ton, d.h. ist er deutlich genug aber nicht zu deftig? Die Methode „Hinter der Fassade hervorlocken" ist eine der wichtigsten und wertvollsten Hilfen des ProSt. Es lohnt sich, diese Kunst ausgiebig zu üben.

H wie „Humor und Herausforderung"

Humor ist die beste Medizin! Vermutlich deshalb, weil der Mensch dadurch all die Dinge, die ihn aufregen oder aus der Mitte bringen, wieder relativiert, von einer höheren Warte aus betrachtet und dadurch auch nicht mehr so tragisch nimmt. Durch Humor steht man über den Dingen und kann wieder über sich selbst und sein Missgeschick lachen.

Das ProSt-Beratungsgespräch ist ganz wesentlich durch humorvolle und herausfordernde Kommunikation gekennzeichnet. Diese beiden Ingredienzien sind unerlässlich für eine erfolgreiche Sitzung, sofern der Humor weder auf Kosten des Klienten noch Dritter geht.

Um ein Gespür dafür zu bekommen, welcher Humor heilsam ist, kann man sich das in einem Bild vergegenwärtigen: Stellen Sie sich vor, neben dem Klienten stehend, gemeinsam auf die Fehler und Eigenarten der Menschen (beide mit eingeschlossen) zu schauen und darüber zu lachen, wie beschränkt, einfältig und widersinnig oft die menschliche Natur ist. Anwender und Klient können gemeinsam schmunzeln oder herzhaft lachen über die Skurrilitäten der Situation, über das jetzige Fühlen, Denken und Handeln.

Wichtig ist, dass der Klient auch deutlich genug fühlt, dass der ProSt-Anwender ihn versteht und ihm dabei helfen möchte ihn durch seine merkwürdigen Bilder und herausfordernden Behauptungen aus seinen eingefahrenen, festen Bahnen heraus zu führen. Und das geschieht am besten mit einer liebevollen Grundhaltung gepaart mit einer Prise Humor - und mit einer weisen Abgeklärtheit. Also: *Wir* **lachen über** *uns* **und unsere Beschränktheit.** Das ist sehr wichtig, um nicht in die gefährliche Falle des Lachens aus Schadenfreude oder Überlegenheit zu tappen. Der ProSt-Anwender lacht weder *über* den Klienten, noch lacht er ihn aus. Er macht auch keine degradierenden Bemerkungen, erzeugt keine entwürdigenden Bilder und Vorstellungen über nicht anwesende Dritte (z.B. Mutter, Vater, Chef). [36]

H wie „Hypnotische Vorwegnahmen"

Das Mittel der hypnotischen Vorwegnahme stammt von Dr. Milton Erickson und wurde von H.-U. Schachtner erstmals explizit formuliert. Es besteht darin, dass man all die Ausweichmanöver und Ausreden des Klienten vorwegnimmt und zwar bevor der Klient die Gelegenheit

---

[36] In einem Buch zum provokativen Vorgehen las ich ein äusserst fragwürdiges Fallbeispiel: Der ProSt-Anwender erzeugte bei der Klientin (36 Jahre alt, Angst vor der Mutter) entwürdigende Bilder, indem sie ihre Mutter als alte Pflegefall-Mutter vorstellen sollte, die einen riesigen Scheisshaufen produziert.

hatte, diese einzusetzen. Das impft den Klienten sozusagen gegen die zweite Wachstumsbremse (Kneifen, Ausreden, „Sich-untreu-werden"). Das ProSt-Beratungsgespräch ist gekennzeichnet durch den häufigen Einsatz gekonnter hypnotischer Vorwegnahmen. Der Klient wird ständig „geimpft" gegen Rückfälle in altes Verhalten.

Der ProSt-Anwender schildert dem Klienten im voraus schon in allen Einzelheiten anschaulich und bildhaft, wie er – trotz seiner guten Vorsätze – im Alltag, Beruf oder in der Partnerschaft wieder „schwach" und sich untreu werden wird. Diese Maßnahme verhindert sehr effektiv, in das alte Denk- und Verhaltensmuster zurückzufallen. Die Vorwegnahme aktiviert nämlich die „Das wäre doch gelacht!"-Haltung, eine der stärksten Motivationskräfte.

Die durch solche hypnotischen Vorwegnahmen kreiierten Bilder und Vorstellungen sind fast schon magisch in ihrer Wirksamkeit, weil sie wie ein „Gehirnimplantat" wirken. Wenn nämlich die Situation „X" eintritt, tauchen diese „eingepflanzten" Bilder plötzlich auf und wirken intensiv als präventive Gegenmaßnahme durch die Bewusstheit, die sie herstellen. Dem Klienten fällt es dann schwer, sein altes Denk- und Verhaltensmuster zu reaktivieren, was seine alten Wege wirksam blockiert.

I wie „Idiotische Lösungen"

Manche Klienten hätten es gerne, dass der Anwender ihnen die Lösung für ihr Problem liefert. Im ProSt-Beratungsgespräch ist es ein absolutes „No-No" dem Klienten die Arbeit der Lösungsfindung abzunehmen. Stattdessen bietet der ProSt-Anwender seinem Klienten extrem überzogene schwachsinnige, idiotische, „politisch nicht korrekte" und an den Haaren herbeigezogene Lösungen an (z.B. *„Gib Deinen Partner einer anderen Frau, soll die sich doch mit* *ihm rumärgern!"*, *„Gib doch dieses nervige Kind zur Adoption frei!"* etc.). Solche Lösungen lehnt der Klient natürlich ab, so dass er wieder auf sich selbst zurückgeworfen ist. Bei dieser Methode werden auch Klischees eingesetzt, wie z.B. die eigene Inkompetenz zu verschleiern, „Sich-Betrinken" bei Angst oder Fremdgehen bei Nachlassen der wahrgenommenen Attraktivität des Partners.

Der ProSt-Anwender lässt sich nicht dazu verleiten, sinnvolle Ratschläge zu geben. Er hat die Erkenntnis, dass diese oft nur in ein „Ja, aber-Spiel" führen und die Verantwortungsbereitschaft des Klienten schwächen. Deshalb gibt er nur unbrauchbare, idiotische, aber oft skurrile und lustige Lösungen. Sie verwirren den Klienten, so dass dieser seine Gefühle neu ordnet.

Bei jedem Problem gibt es ja zwei Möglichkeiten der Lösung: Entweder man findet einen Weg, den Missstand abzustellen oder man ändert seine Einstellung in Bezug auf den Missstand, so dass er einen nicht mehr stört oder beunruhigt. Oft sind Klienten damit nicht zufrieden und beschweren sich: *„Das ist doch keine Lösung! Wie soll ich denn so mein Problem lösen?"* Der ProSt-Anwender lässt sich davon nicht unter Druck setzen, sondern fährt mit seinen idiotischen Lösungsangeboten fort und drängt den Klienten dadurch auf sanfte Weise, seinen eigenen Weg zu finden.

Einerseits wird der ProSt-Beratungsprozess durch „idiotische Lösungen" und durch das Aussprechen des „Unaussprechlichen" lockerer und lustiger. Andererseits realisiert der Klient dadurch, dass er selbst die Verantwortung für die Neugestaltung der Situation zu übernehmen hat und er selbst auf Lösungssuche gehen muss. Der Klient bekommt keine Lösungen vom ProSt-Anwender.

Auch wenn das Ergebnis eines ProSt-Beratungsgesprächs, oberflächlich betrachtet, für den Klienten manchmal unzufriedenstellend aussehen mag, so werden doch in den meisten Fällen entscheidende Veränderungen im Denken, Fühlen und Handeln des Klienten angestoßen. Nicht zu unterschätzen ist in diesem Zusammenhang auch der „Brainstorming-Effekt", der durch das freie ungehemmte Assoziieren von Lösungsansätzen entsteht.

I wie „Inszenierung erkennen und sprengen"

Der ProSt-Anwender erkennt die Spiele und üblichen Taktiken seiner Klienten mit denen sie sich und anderen etwas vormachen, um notwendige Anpassungen und Veränderungen zu vermeiden. Die *Unmanipulierbarkeit* des erfahrenen ProSt-Anwenders macht es schwer und unmöglich, dass der Klient seine Inszenierung durchzieht.

Der ProSt-Anwender durchkreuzt den Versuch jeglicher Rollenzuweisung. Dies erreicht er dadurch, dass er sich unerwartet und nicht im Sinne des inszenierten Spiels verhält. Er verhält sich *antithetisch*, wie das schon Eric Berne in seinem Buch „Spiele der Erwachsenen" beschrieben hat. Dazu nimmt der ProSt-Anwender eine, vom anderen nicht erwartete Rolle ein, wie z.B. die des „Advocatus Diaboli". Er reagiert kreativ, clownesk und inszeniert damit ein neues, eigenes Spiel.

K wie „Klartext sprechen"

Der Anwender verhält sich nicht immer humorvoll-provokativ. Er spricht auch, wenn nötig, im Klartext. Es kann nämlich durchaus vorkommen, dass der Klient das Ganze nicht mehr ernst nimmt und ins Blödeln abgleitet. Dies quittiert der Anwender mit einem ernsteren Ton um dem Klienten bewusst zu machen, weshalb er gekommen war.

Als ProSt-Anwender ist es generell ratsam, während des Gesprächs immer wieder mal vom Humorvollen zum Ernsthaften (und auch mal hin und her) zu wechseln. Das ist zum einen gut für die emotionale Beteiligung und zum anderen wichtig für den Impakt, die „Tiefenwirkung" des besprochenen Themas. Ein unvermittelter Wechsel vom Scherzhaften zum „Ins Gewissen reden" hat eine tiefgreifende Wirkung. Das sind oft Wendepunkte in einer Beratung.

H.-Ulrich Schachtner erlebte den ehemaligen Sozialarbeiter, Frank Farrelly in einer Zeit als dieser noch in seiner Praxis arbeitete. Damals baute Frank solche ernsten Passagen in nahezu jede Therapiestunde ein (nach etwa 20 Minuten provokativen Gesprächs). Diese wichtigen Passagen kamen in seinen Bühnen-Demonstrationen zu kurz. Dies mag an der mangelnden Privatheit des Settings gelegen haben. Es kann aber auch den Grund haben, dass sich diese sehr wichtigen Abschnitte kaum von konventionellen Therapien unterschieden.

K wie „Köder kontern"

Der ProSt-Anwender muss darauf gefasst sein, dass er jederzeit den „6 Klingelknopf-Köderstrategien" ausgesetzt ist, wie das im Alltag auch ständig geschieht. Das heisst, dass er Konterstrategien bereit halten sollte auf Versuche seiner Klienten ihn zu ködern, ihm zu drohen, ihn einzuwickeln, einzuschüchtern, ihm Schuldgefühle zu machen oder ihn in Sicherheit zu wiegen und einzulullen.

Jede dieser „6 Klingelknopf-Köderstrategien" brauchen eine eigene Gegenmaßnahme, da sie sonst den Verlauf der Beratung stören und sie sogar unwirksam machen können. Durch effektives Kontern gibt der ProSt-Anwender ein hilfreiches Vorbild für den

Klienten. Sein Problem besteht ja oft genau darin, dass er sich von anderen hereinlegen oder täuschen ließ und sich nicht adäquat gegen Manipulationsversuche zu wehren wusste. [37]

K wie „Kontraindikationen des ProSt"

Der Einsatz des ProSt ist nicht immer angebracht, z.B. wenn der Klient unter intensiven Traumatisierungen leidet. Wenn ein Klient gerade einen geliebten Menschen verloren hat oder eine Trauerphase durchmacht, dann braucht es eine andere Vorgehensweise. In solchen Fällen braucht der Klient behutsamere Verfahren, wie zum Beispiel die seit den 80er Jahren bekannte „Emotionsfokussierte Therapie" (EFT [38]) nach Prof. Dr. Leslie Greenberg. Sie ist gerade für solche Klienten eine sehr gute Hilfe.

Der „ProSt", als provokatives Therapieelement, ist auch in solchen Fällen nicht angebracht, wenn der Klient weder ausweicht, noch faul oder geistig festgefahren ist. Wenn ohnehin schon motivierte Klienten eine Unterstützung durch den Anwender wünschen, fühlen sie sich nicht ernst genommen, wenn der Anwender „rumprosteln" würde.

Nehmen wir mal an, ein Mitarbeiter hat Probleme mit seinem Chef und gerät mit ihm in Konfliktsituationen, die unzufriedenstellend ausgehen. Dieser Klient ist weder feige, noch faul oder festgefahren in seinem Denken, Fühlen oder Handeln. Er möchte Anregungen und Strategien wie er Konflikte zum Wohle aller Beteiligten

---

[37] Hilfreiche Konterstrategien finden Sie im Hörbuch „ROTE KARTE. Das Geheimnis der sechs Klingelknöpfe" (sh. Anhang).

[38] Die EFT-Seminare von Prof. Dr. Leslie Greenberg sind keine Klopfseminare sondern gehören zur Gestalttherapie (sh. Anhang).

lösen könnte! Ein unsensibler Berater, der in diesem Falle provozieren würde und davon ausgeht, dass der Klient nach der Sitzung schon irgendwie auf eine Lösung kommen wird („Er hat ja alle Ressourcen in sich!"), wird kein zweites oder drittes Mal konsultiert. Dies könnte vielleicht der Grund sein für die überraschend kurzen Behandlungszeiten, derer sich manche ProSt-Anwender rühmen?

Bei Klienten mit einer klaren Fragestellung ähnelt das Provozieren dann mehr einem „Rumblödeln" als einer fundierten Hilfestellung. Manchmal konnte ich das nur „Herumprosteln" während verschiedener Bühnen-Demonstrationen mitansehen. Der Klient bekam keine Antworten. Dies ist zwar ein Kennzeichen von ProSt doch wenig hilfreich, wenn es um Klärung konkreter Konfliktsituationen geht. Dazu braucht der Klient ein umfassendes „Kommunikations-Know-How" wozu der ProSt nicht geeignet ist.

L wie „Längerer Hebel"

Grundsätzlich hat derjenige den „Längeren Hebel" [39] und ist dann in Führung, der weniger will vom anderen. Es gehört zu den Grundfertigkeiten jedes ProSt-Anwenders jederzeit wieder an den längeren Hebel zu kommen, falls ihm vorübergehend die Führung des Gesprächs entglitten ist. Dies kann dadurch passieren, dass er vom Klienten herausgefordert wurde (*„Was machen Sie eigentlich für eine Therapie?", „Glauben Sie, dass Sie mir helfen können?", „Haben Sie denn meine Krankenakte nicht durchgelesen?"*) oder, dass er einem Spiel aufgesessen ist oder es dem Klienten recht machen wollte.

---

[39] Der Begriff „leverage" stammt von dem amerikanischen Transaktionsanalytiker Harry Boyd und wurde von Schachtner als wesentliches Konzept des Provokativen Stils herausgestellt und eingebracht.

Wenn es dem ProSt-Anwender nicht gelingt in Führung zu bleiben, wird das Geschehen vom Klienten (und seinen Ausweichmanövern) bestimmt. Die Folge davon ist verminderter Einfluss. Auf lange Sicht macht der Behandler einen inkompetenten Eindruck.

Die simpelste Technik um in Führung zu bleiben ist einfach ständig Fragen zu stellen (was in vielen Therapieformen praktiziert wird). Die Führung im „ProSt" erfolgt nicht durch Fragen! Der ProSt-Anwender lässt sich auf die Denk- und Sichtweise seines Gegenübers ein, nimmt jedes Manöver des Klienten auf und pariert. Die Führung hat der Anwender im „ProSt" vor allem durch das Bestimmen der Gesprächsatmosphäre.

Er lässt nicht zu, dass der Klient z.B. durch depressives Gehabe die Stimmung ins Negative zieht. Der ProSt-Anwender wird durch vielfältige Interventionen der Stimmung gewandt eine andere Note geben. Er lenkt das emotionale Klima indem er z.B. mal schnell, mal langsam spricht, mal humorvoll, mal ernsthaft, mal absurd, mal übertrieben reagiert und auch in andere Rollen schlüpft. Das wirkt weit mehr auf die Emotionen des Gegenübers als durch kognitive Inhalte (z.B. Fragen stellen) die Führung zu behalten.

L wie „Leuchtturm-Prinzipien"

Der Ausdruck „Leuchtturm-Prinzipien" stammt von Stephen Covey und besagt, dass Werte wie Redlichkeit, Fairness und Rechtschaffenheit die Grundpfeiler jeglichen Vertrauensverhältnisses sind. Würde der „ProSt" ohne Vermittlung dieser ethischen Werte angewendet, so hätte dies langfristig eine verheerende Wirkung auf das zwischenmenschliche Miteinander. Das würde den Klienten leicht auf eine „falsche Fährte" führen. Selbst wenn der ProSt-Anwender hin und wieder beim „Sündige weiter" unmoralisches Verhalten zu empfehlen scheint, so ist es wichtig zum Wohle aller, dass der ProSt-Anwender die „Leuchtturm-Prinzipien" vertritt und er diese im Anschluss an das ProSt-Gespräch dem Klienten vermittelt (sh. Seite 89 [40]).

Als ProSt-Anwender ist es unerlässlich sich selbst stets an diese drei Werte „Redlichkeit, Fairness und Rechtschaffenheit" zu erinnern und entsprechend dieser Werte zu handeln. Werden dem Klienten die „Leuchtturm-Prinzipien" einprägsam als Leitlinien vermittelt, so wird er sein Fühlen, Denken und Handeln darauf abstimmen. Er wird darauf achten, dass dies im Einklang mit seinen *und* den Bedürfnissen anderer ist. Der Klient übernimmt dann Verantwortung für die Folgen seines Handelns und wird andere nicht bewusst verletzen oder schädigen.

M wie „Macht der Bilder"

Der ProSt-Anwender achtet auf seine inneren Bilder und Vorstellungen und die damit verbundenen Gedanken und Gefühle, die in ihm entstehen beim ersten Zusammentreffen mit dem Klienten und natürlich auch auf die in ihm aufsteigenden Bilder während der Interaktion mit ihm. Dieses intuitive Vorgehen versorgt ihn mit einem ständigen Strom von Assoziationen zur Erlebniswelt des Klienten. Diese dem Klienten mitzuteilen ist ein wichtiger Beitrag und eine Hilfe für den Klienten. Er bekommt durch die Rückmeldung unmittelbar mit, was er bei anderen Menschen an spontanen Reaktionen auslöst. Das ist eine Information, die er äußerst selten bekommt, die aber für seine Entwicklung von größter Bedeutung ist.

---

[40] Frank baute ernste Passagen in nahezu jede Therapiestunde ein (nach etwa 20 Minuten provokativen Gesprächs).

Wichtig ist für die Rückmeldung, dass der ProSt-Anwender mutig, ehrlich und offen ist. Er zensiert sich dabei nicht sondern vertraut seiner Intuition. Der ProSt-Anwender beschreibt seine Reaktionen auf den Klienten unverfälscht, anschaulich und ausführlich.

M wie „Mehr desselben"

Die gewöhnliche Art von Ratschlägen gehen in Richtung Mäßigung oder Einstellen von unerwünschtem Verhalten. Da diese Vorgehensweise aber nicht zum Erfolg geführt hat (sonst wäre der Klient ja nicht zur ProSt-Beratung gekommen) geht der ProSt-Anwender einen anderen Weg. Er rät seinem Klienten sein problematisches Verhalten noch mehr zu praktizieren, indem er sich z.B. noch mehr Schuldgefühle macht. Er habe „es ja verdient, dass es ihm nicht gut gehe"... oder noch mehr auf Kosten des Partners zu leben und ihn auszunutzen usw. Der ProSt-Anwender initiiert eine Lösung 2. Ordnung (wie Watzlawick es nannte). Dieses Empfehlen des „mehr desselben" muss natürlich auf eine bestimmte Weise geschehen, um eine heilsame Wirkung zu entfalten. Die Aussagen müssen

a) sehr extrem formuliert sein, damit der Klient nicht auf die Idee kommt, diesen Rat als ernst gemeint zu deuten.

b) einleuchtend begründet werden, da sich sonst der Klient nur veräppelt fühlt.

c) ein neues Element enthalten, das die Bewusstheit fördert und dadurch die Implikationen dieses Handelns (die unbewusste Motivation) zum Vorschein bringt (z.B. beim „Unordentlich-Sein" die versteckte Aggression gegen die Eltern, die übertrieben einengend und reinlich waren).

M wie „Mobilmacher"

Wenn Klienten schwer zu motivieren sind, weil sie ganz allgemein eher zur Bequemlichkeit und Trägheit neigen, dann empfiehlt es sich, ihn an einem der mobil machenden Punkte zu „pieksen". In unserer Gesellschaft gibt es Bereiche, wo Männer und Frauen generell empfindlich sind, wenn sie darauf angesprochen werden. Zu diesen Bereichen gehören ...

Karriere und Leistung

Kultur und Bildung

Körper und Sex

Marktwert und Attraktivität

Diese Punkte [41] lassen sich sehr leicht mit der –> *auf den Busch klopfen*-Technik verbinden. An der Reaktion des Klienten kann man erkennen, ob man „fündig" geworden ist oder nicht.

N wie „Narratives Vorgehen"[42]

Der ProSt-Anwender nutzt die Berichte und Erzählungen des Klienten ganz anders als konventionell arbeitende Therapeuten. Er steigt voll in die Geschichten ein, „schmückt" die dargebotenen Inhalte aus, überzeichnet deren Details bildhaft bis ins Absurde, so dass der

---

[41] Der/die geschätzte LeserIn mag selbst entscheiden, welche dieser sensiblen Punkte mehr auf Frauen bzw. Männer zutreffen.

[42] Der Ausdruck „Narratives Vorgehen" bezeichnet ein bestimmtes Vorgehen in der Psychotherapie. „Narrative Psychologie geht davon aus, dass Menschen ihrem Leben Sinn und Bedeutung verleihen, indem sie Erlebnisse in Form von Geschichten und Erzählungen wiedergeben. Ein besonders hohes Interesse innerhalb der „Narrativen Psychologie" gilt dabei Erzählungen von Menschen über sich selbst, also der Konstruktion des Selbst bzw. der eigenen Identität" (entnommen aus wikipedia am 28.11.11).

Klient über seine „erdachte" Identität nachdenken wird. Idealerweise kann er über diese „Konstruktion seines Selbst" lachen und sie auf gesunde Weise korrigieren.

N wie „Nonverbale Signale"

Der Körper „spricht", drückt sich aus über die sogenannten nonverbalen Signale (z.B. Gestik, Mimik). Diese Zeichen sind die Sprache des Willens, der, wie wir seit Schopenhauer wissen, das Entscheidende am Menschen ist. Der erfahrene ProSt-Anwender weiss um die Bedeutung der nonverbalen Signale und misst ihnen mehr Bedeutung bei als dem Inhalt verbaler Aussagen. Er achtet auf den Gang des Klienten bevor er sich auf den Stuhl setzt, registriert Details seiner Körperhaltung, seiner Atmung, seiner Gesichtsfarbe und verfolgt vor allem die unbewussten, verräterischen kleinen Bewegungen der Hände und Füße.

„Der Körper lügt nicht!" wusste der Arzt und Autor John Diamond. Es lohnt, sich in diesem Feld umzusehen und von Meistern dieses Fachs zu lernen.[43] Tiefe Einsichten zu den psychologischen Hintergründen persönlicher Inszenierung bekommt man in den Büchern

des „Vaters" des Improvisationstheaters, Keith Johnstone, vermittelt (z.B. „Improvisation und Theater" oder „Theaterspiele: Spontaneität, Improvisation und Theatersport").

---

[43] Wer besser Bescheid wissen möchte was nonverbale Signale aussagen oder Interesse an Improtheater hat, dem kann ich das Galli-Institut empfehlen (www.galli.de), das Münchner Fast-Food-Theater (www.fastfood-theater.de) und auch www.vitamint.com empfehlen. Improvisationskurse gibt es sehr günstig in verschiedenen Volkshochschulen!

O wie „Overkill"

Der ProSt-Anwender übernimmt nicht nur das Selbst- und Weltbild sondern auch das Wertesystem des Klienten. Er überzeichnet dessen, der Korrektur bedürftigen Inhalte, in karikierender Weise. Vor allem überzeichnet er gerade *die* Gedanken und Gefühle, die der Klient am liebsten verheimlichen würde. Er holt sie ungeniert ans Tageslicht. Der Anwender übertreibt dabei so maßlos, dass ihm der Klient bald heftig widerspricht.

Das Ziel des ProSt-Anwenders ist, dass der Klient seine undifferenzierten, globalen und verallgemeinernden Vorstellungen (z.B. „alle Männer sind Schweine", „Frauen kann man nicht trauen") überdenkt. Der Klient soll erkennen, dass seine zu globalen Urteile zu globalen und unangemessenen Verhaltensweisen führen. Der Klient relativiert dann bald seine eigenen Ansichten und fängt an, feinere Unterscheidungen zu machen. Das ist eine wichtige Grundlage, um künftig in emotional aufwühlenden Situationen differenzierter und angepasster zu reagieren.

Bei Klienten, die sich selber schlecht machen, wird der ProSt-Anwender deren negative Selbstsicht nicht korrigieren, so wie das der „hilfreiche Therapeut" und auch Freunde schon versucht haben. Der ProSt-Anwender verhält sich ganz anders. Er stimmt seinem Klienten begeistert zu und lobt ihn für seine Einsicht. Der ProSt-Anwender strapaziert die Selbsteinschätzung des Klienten durch ständiges Wiederholen so lange bis es dem Klienten gehörig auf die Nerven geht und dann anfängt, sich dagegen zu wehren. Eine Folge dieser Behandlung ist, dass er positiver über sich selbst zu sprechen beginnt. Diese Ansätze zu selbstbestätigenden Aussagen wird der Anwender auch nicht gleich „totloben" sondern so lange in Frage stellen bis sie solide klingen und „sitzen".

Für den Fall, dass sich ein ängstlicher Klient die Folgen seines Tuns allzu negativ ausmalt, tritt auch hier der ProSt-Anwender in die Welt des Klienten ein und „malt" das Bild der möglichen Katastrophen noch viel krasser aus. Er zeigt dem Klienten die allerschlimmsten Folgen auf. Das hat die Wirkung, dass der Klient die übertriebene Dramatik nur noch lustig findet. Dies führt dann dazu, dass er seine Angst erheblich verringert.

Der ständige Overkill seiner eigenen Ansichten bewirkt beim Klienten, dass er bewusster wird, über sich nachdenkt und seine bisherigen Gedanken und Gefühle relativiert. Er wird sich seiner positiven Seiten mehr bewusst und bekommt mit seinem, nun gestärkten Selbstvertrauen sein Leben besser in den Griff.

P wie „Paradoxe Intervention"

Die Methode der „Paradoxen Intervention" (ursprünglich „paradoxe Intention" genannt) stammt von Viktor Frankl und wurde von der „Palo-Alto-Gruppe" und anderen praktiziert und verfeinert. Diese Methode besteht im Kern daraus dem Klienten sein problematisches Verhalten zu „verschreiben", um durch diese Maßnahme seine Bewusstheit während des symptomatischen Verhaltens zu erhöhen. Da symptomatisches Verhalten aber typischerweise unbewusst ablaufendes Verhalten ist, ergeben sich dadurch meist entscheidende Veränderungen.

Solche paradoxen Verschreibungen sind auch im „Provokativen Stil" gang und gäbe. Der Klient wird ermutigt sein problematisches Verhalten weiter auszuführen und bekommt eine Menge Gründe genannt, warum das gut für ihn sein soll. Da dieses „Verschreiben" des Symptoms oft stark nach „Anbieten von Sauerbier" klingt, wächst der Widerstand des Klienten gegen dieses Verhalten.

Der ProSt-Anwender wird durch „Paradoxe Interventionen" immer einen Erfolg verzeichnen können. Entweder der Klient befolgt seine Anweisungen (Compliance) und lässt sich führen. Oder der Klient widersetzt sich, was letztlich zu Symptomfreiheit führt. „Paradoxe Interventionen" sichern also den therapeutischen Erfolg.

P wie „Ping-Pong im ProSt-Gespräch"

Hat ein Klient Entscheidungsschwierigkeiten, die er gerne vom Berater gelöst hätte und fragt nach einem konkreten Ratschlag, so spiegelt der ProSt-Berater das innere „Hin und Her" des Klienten auf lustige Weise. Er schwankt in seinen Aussagen ständig hin und her.

Wenn der Klient z.B. nicht so recht weiss, ob er z.B. seine Arbeitsstelle kündigen oder seinen Partner verlassen soll und den Berater um eine Entscheidung bittet, so wird der geschickte ProSt-Anwender zunächst ganz klar und überzeugt zu einer Seite raten. Er schildert dabei alle Nachteile von Trennungen und die dabei auftretenden Verlustängste. Unvermittelt hält er in seinem Plädoyer inne, nimmt eine andere Körperhaltung ein, guckt nachdenklich ins Leere, vertritt dann genau so überzeugt eine total gegensätzliche Meinung und betont nun die Vorteile einer Trennung, die er ebenfalls gekonnt in Bildern ausschmückt. Dann, nach einer Weile, schwenkt er wieder um und vertritt plötzlich wieder, in einer anderen Körperhaltung und in überzeichneter Form die ursprüngliche Meinung. Er schwankt so ein paar Mal hin und her bis der Klient erkannt hat, dass es an ihm selbst liegt eine Entscheidung zu treffen.

Das Vorgehen „Ping-Pong im ProSt-Gespräch" verwirrt den Klienten. Es bringt aber viele Aspekte beider Alternativen ins Bewusstsein, auch diejenigen, die gern verheimlicht werden, weil sie vielleicht ein bisschen schäbig, egoistisch oder unmoralisch sind. Gerade das kann ein sehr hilfreicher Aspekt bei der Suche nach einer Lösung sein.

Meistens sind es die vor sich selbst verheimlichten Motive, die eine klare Entscheidung blockieren. Der Klient erkennt beim ständigen „Hin und Her" bald, dass er sich wohl selbst aufraffen muss, die Entscheidung zu treffen. Je vollständiger die Liste der möglichen Motive und je treffender die bildhaften Aussagen des ProSt-Anwenders sind und je mehr die Emotionen des Klienten angesprochen wurden, desto größer ist die Wahrscheinlichkeit, dass der Klient die für ihn richtige Lösung des Problems selbst findet (sh. auch X wie „X-fache Verwirrungen").

P wie „Problem abfragen"

Das therapeutische Gespräch beginnt fast immer mit der Frage: „Was ist Ihr Problem?", nachdem der Ersteindruck dem Klienten auf provokative Weise rückgemeldet wurde (–> Einstieg in das ProSt-Beratungsgespräch). Auch hier gilt die genaue Beobachtung der ersten Reaktion des Klienten auf diese Frage. Der erfahrene ProSt-Anwender achtet auf folgendes: Wie atmet der Klient (tief oder flach, laut oder leise, seufzt er vielleicht?). Wo schaut er hin? Schaut er weg? Ist dem Klienten die direkte Frage nach seinem Problem sichtlich unangenehm? etc.

Wenn der Klient mit der Antwort zögert, dann kommentiert der ProSt-Anwender das Zögern und zeigt auf welchen Eindruck dies auf ihn macht, z.B.: *„Oh, oh! Dieser tiefe Seufzer! Da muß Ihr Problem aber sehr schwerwiegend sein..."* oder *„Sie schauen weg. Ist das Problem so unangenehm, dass Sie es am liebsten gar nicht mehr ansehen wollen?"* etc.

Solche Bemerkungen verringern den Druck und setzen das Gespräch in Gang. Der „Gute Draht" wird hergestellt, der eine stabile und von Wohlwollen getragene Beziehung schafft. Der Klient öffnet sich dadurch leichter und beginnt über sein Problem zu sprechen.

Antwortet der Klient auf die Frage nach dem Problem recht zögerlich mit „Ohhh, ... ich habe Angst vor ...", dann wäre eine typische ProSt-Antwort (mit wissendem Blick): „Aus gutem Grund". Die Erfahrung zeigt, dass der Klient erfahrungsgemäss schneller offen über sein Problem spricht, wenn er davon ausgehen kann, dass sein Gegenüber bereits schon weiß worum es geht.

P wie „ProSt in Verbindung mit Klopfen"

Das provokative Vorgehen kann mit energetischen Verfahren, wie zum Beispiel das von mir entwickelte und im internationalen Raum tausendfach erfolgreich erprobte EE-Klopfen [44], kombiniert werden. Durch Sich-Selbst-Beklopfen entspannt und beruhigt sich der Klient, kann emotionale Beschwerden leichter loslassen. Er nimmt nicht alles so ernst. Auch kommt er schneller auf eigene Ideen und Erkenntnisse für eine Lösung seiner Probleme. Ein weiterer Vorteil liegt vielleicht darin, dass der Klient die Äusserungen des ProSt-Anwenders auch besser „verdauen" kann.

Während des ProSt-Gesprächs beklopft sich der Klient an einem Finger, an der Brust oder im Gesicht etc. (ganz nach seinem Belieben). Bestimmte Klopfpunkte spielen keine Rolle! Das tut Körper, Geist und Seele gut. Gehen Sie einfach intuitiv vor. Eine ganz andere Art mit Humor und Herausforderung emotional belastende Themen zu bearbeiten.

---

[44] Im Anhang finden Sie meine Bücher zum leichten und schnellen Selbsterlernen der EE-Klopfweise (z.B. Erfolgreiches Klopfen für Selbstanwender leicht gemacht).

P wie „Provokation"

Der Begriff „Provokation" (lat. provocare ‚hervorrufen', ‚herausfordern') bezeichnet das gezielte Hervorrufen eines bestimmten Verhaltens oder einer Reaktion bei anderen Personen. Hierbei agiert
der Provokateur bewusst oder unbewusst in einer Weise, dass die
provozierte Person oder Personengruppe ein tendenziell erwünschtes Verhalten zeigt" (aus Wikipedia am 17.11.2011).

Die Provokation im Beratungs-, Coaching- oder Therapiegespräch
kann recht sanft erfolgen oder auch deftig oder eine Mischform davon. Die Art und Weise der Provokation hängt von der Geisteshal-
tung und vom Naturell des Provokateurs ab. Der erste Psychotherapeut, der die Provokation systematisch zu Heilzwecken einsetzte
war vermutlich Dr. Milton Erickson (1901 – 1980).

Der Sozialarbeiter, Frank Farrelly, entdeckte durch seine Arbeit in
der Psychiatrie mit extrem chronifizierten Patienten, dass diese
durch deftiges Provozieren in die Gänge kamen. Diese Erfahrungen prägten Frank Farrelly dergestalt, dass seine deftig-provokante
Art von Klientengesprächen zu seinem Markenzeichen wurde.
Frank Farrelly übertrug diese Art auch 1:1 auf Beratungen mit ganz
„normalem" Klientel was ihm manchmal den Vorwurf der Unange-
messenheit einbrachte.

Die deftige und manchmal vulgäre Ausdrucksweise ist erfahrungsgemäss keine notwendige Voraussetzung für effektives und heilsames Provozieren. Es gibt genügend Beispiele für eine wesentlich dezentere und trotzdem wirksame Vorgehensweise im Provokativen Stil wie z.B. Martina Schmidt-Tanger, H.-Ulrich Schachtner,
Franz Dumbs, Toni Forster beweisen.

Wenn Sie andere, im Provokativen Stil arbeitende Anwender, beobachten werden Sie erkennen, dass jeder ProSt-Anwender ein Unikat darstellt und es nicht *den* „Provokativen Kommunikations-Stil" gibt. Erst recht gibt es auch nicht die „Provokative Therapie". Dieser zweite Ausdruck ist ohnehin etwas unglücklich gewählt, da es keine vollständige Therapieform ist. Es handelt sich hier um ein Kommunikationsmittel mit dem Klienten leichter aus ihrer Haltung von Festgefahrenheit, Feigheit und Faulheit heraus geholt werden können, um sie zu einem mehr selbstbestimmten und erfüllenderen Leben zu motivieren.

Q wie „Quälende Sackgassen"

Manche Klienten haben sich in Sackgassen verrannt, die sie als quälend und unerträglich empfinden. Sie bleiben trotz dieser Qualen in ihrer Sackgasse stecken, da sie sich als kraftlose und verzweifelte Opfer sehen. Sie fühlen sich der unangenehmen Lebenssituation hilflos ausgesetzt.

Die Lebensposition, sich als Opfer zu fühlen, wirft allerdings auch einen sog. „sekundären Krankheitsgewinn" ab. Durch das Verharren in der Sackgasse erreicht der Klient, dass sich z.B. andere um ihn kümmern. Andere nehmen ihm unangenehme Arbeiten ab. Der Klient wird aufgrund seiner Empfindlichkeit wie ein „rohes Ei" behandelt. Er erlebt Rücksichtnahme und Schonung und braucht selbst weniger Verantwortung für sich und sein Leben zu übernehmen. Hospitalisierte Patienten können ihr Dasein sogar auf Kosten Dritter fristen und brauchen sich nicht der harten Realität stellen. [45]

---

[45] Siehe Artikel von Frank Farrelly: „The Code of Chronicity" und „The Weapons of Insanity" im Internet zum Runterladen.

Durchschaut der ProSt-Anwender dieses „Spiel der quälenden Sackgasse" wird er mit Kompetenz und Herz, mit Humor und Herausforderung seinen Klienten aus der Sackgasse „vertreiben" und ihn wieder fühlen lassen, dass er weit besser dran ist, wenn er sein Leben wieder selbst in die Hand nimmt.

R wie „Realitäten ins Blickfeld rücken"

Psychisch kranke Klienten haben die Tendenz sich zurückzuziehen in das „eigene Schneckenhaus" und betreiben gern „Nabelschau". Sie gehen oft davon aus, dass keiner sie richtig versteht und bemühen sich auch nicht mehr, den Zusammenhang zwischen ihrem Verhalten und der Reaktion der Umwelt herzustellen.

Solch ein Klient erwartet, dass nun der Therapeut ihn in allem verstehen und ihm helfen soll. Die Hilfe des ProSt-Anwenders ist jedoch – auf der Basis des „Guten Drahtes" – ihn herauszufordern selbst zu denken und die Verantwortung für die Lösung seiner Probleme zu übernehmen. Dazu ist es nötig, seine Realitätseinschätzung zurecht zu rücken. Es gehört eben zu einer guten Therapie nicht nur, *dem Klienten* Verständnis entgegen zu bringen, sondern auch, ihm ein *Verständnis für seine Umwelt* nahe zu bringen!

R wie „Rückmeldung des Klienten"

Zum Abschluss eines ProSt-Beratungsgespräches wird der Klient nach seinem emotionalen Empfinden gefragt. Dies ist aus mehreren Gründen sehr wichtig. Zum einen, weil der Klient Gelegenheit bekommen soll offen und ehrlich seine Gefühle und Gedanken auszudrücken, um gegebenenfalls auch seinen Frust über den Anwender loszuwerden und um eine Phase der Reflexion einzuleiten. Zum anderen kann dabei auch der ProSt-Anwender immens dazulernen, neue Erfahrungen sammeln und auch seine „Treffer" und „Nieten" erkennen.

S wie „Sekundärer Krankheitsgewinn"

Menschen verändern sich im allgemeinen ungern und bleiben lieber in ihren gewohnten Denk- und Verhaltensweisen. Dies gilt insbesondere für lange hospitalisierte Patienten, die den „sekundären Krankheitsgewinn" bevorzugen. Ein erfahrener ProSt-Anwender würde hinter die Kullissen schauen, das Spiel erkennen und entsprechend agieren. Eine hier passende Technik besteht darin, dem Klienten die Vorteile seiner jetzigen Lebenssituation zu beschreiben. Das exponiert auf subtile Weise den sekundären Krankheitsgewinn ohne Defensivität zu wecken. Im Laufe dieser Schilderung werden die entscheidenden Nachteile seiner Position nur ganz beiläufig erwähnt und sogar noch herunter gespielt. Gerade dieses Herunterspielen der Nachteile macht den Klienten hellhörig und lässt ihn seine Position noch einmal überdenken.

Allerdings gibt es auch Fälle, in denen sich der Klient trotz aller Bemühungen des ProSt-Anwenders für die Beibehaltung seiner Situation entscheidet. Es kann ja sein, dass die Vorteile aus seiner Sicht schwerer wiegen als eine Verhaltensänderung, von der er gar nicht weiß, ob sie wirklich eine Verbesserung seiner Lage bringt. Wenn der Klient bei seinem „Status-Quo" bleiben will, so wird der ProSt-Anwender auch dies akzeptieren und seine Ziele für diesen Klienten neu ausrichten.

S wie „Souveränität"

Souveränität sagt in etwa dasselbe aus wie der Ausdruck „Herrln der Lage" zu sein. Es ist wichtig, dass der Klient den ProSt-Anwender als souverän und selbstsicher wahrnimmt. Einem unsicheren Menschen schließt man sich nicht an.

Der ProSt-Anwender wirkt nur dann souverän, wenn er die Situation jederzeit im Griff hat. Er disqualifiziert sich mit allen Anzeichen von Verwirrung, Verblüffung, Verunsicherung, Desorientierung, Ratlosigkeit und „nicht mehr weiter wissen". Es ist deshalb ratsam, dass er mit Hilfe der *„Dominanz-Techniken"* jederzeit den Eindruck erwecken kann, dass was immer auch passiert von ihm entweder vorausgesehen wurde, so gewollt war oder ihm recht gut „in den Kram" passt.

Die folgende Bemerkung ist von Hans-Ulrich Schachtner: „Wer Souveränität hat, nimmt dies an sich selbst nicht mehr wahr. Das wird wohl der Grund gewesen sein, dass Frank Farrelly in seinen Seminaren diese überaus wichtige Voraussetzung für seinen Ansatz nie erwähnt hat. So erklärt sich auch das häufige Versagen seiner Methoden, wenn andere sie anwendeten. Es nutzte auch nicht viel, wenn diese Personen wieder und wieder in seine Seminare kamen und ihre „provokativen Batterien" aufladen wollten. Diese Techniken wirken nunmal nicht und der Schuss geht dann oft nach hinten los, wenn der ProSt-Anwender nicht souverän ist.

S wie „Spiel- und Standbein-Technik"

Die „Spiel-und Standbein-Technik" ist die vielleicht wichtigste Technik des ProSt-Anwenders, da sie die im ProSt unverzichtbare Unmanipulierbarkeit ermöglicht. Sie hilft ihm, alles mitzube-kommen, was läuft, davon aber nicht „aus dem Sattel geworfen zu werden".

Der Name dieser Technik ist dem Fußballspiel entlehnt: Mit ei-nem Bein führt man den Ball, das andere Bein gibt den Halt. Der ProSt-Anwender lässt sich einerseits voll auf das Geschehen ein. Er spürt welche gefühlsmäßigen Reaktionen sein Gegen-über bei ihm auslöst, welche „Spielchen" gerade inszeniert wer-den und welche Rollenerwartung ihm entgegen gebracht wird. Andererseits bleibt er davon auch ungerührt, verfolgt unbeirrt seinen Kurs und lässt sich nicht aus der Ruhe bringen.

Auf dem „Spielbein" ist man also rezeptiv-reaktiv. Man erlebt emo-tional die Einengung/Manipulation). Auf dem „Standbein" agiert man strategisch-initiativ. Das muss natürlich geübt werden, be-vor man darin wirklich sattelfest ist. Dabei ist die Vorstellung hilf-reich, dass man geistig aus sich heraustritt (so wie das manch-mal in alten Filmen gezeigt wurde), ein bisschen auf Abstand geht um zu überlegen: „Was geht hier eigentlich vor? Was er-wartet der Klient jetzt für eine Reaktion von mir?". Dadurch bleibt der ProSt-Anwender auch dann ruhig und gelassen, wenn der Klient ihm Vorwürfe macht, ihn durch abfällige Bemerkungen heraus-fordert oder mit Weinen oder Wutausbrüchen ein mittleres Dra-ma inszeniert.

S wie „Stereotypen strapazieren"

Wenn ein Klient zum „Scheuklappen-Denken" tendiert, wenn Kli-schees mit allzu globalen Kategorien gebraucht werden, dann geht der ProSt-Anwender darauf ein. Er wiederholt sie immer wie-der und strapaziert diese so lange, bis der Klient abwinkt und seine „Schwarz-weiß-Brille" abnimmt.

Konkret sieht das etwa so aus:

Der Klient vertritt zum Beispiel die Meinung „Frauen können nicht logisch denken". Der Berater versucht nicht, das zu korrigieren, sondern übernimmt diese Aussage so, als würde er sie für realistisch halten und spielt nun gedanklich und verbal Situationen durch, in denen eine Karikatur dieses Denkens lustige, schreckliche oder blödsinnige Wirkungen hervorbringt.

S wie „Stimmung bestimmen"

Gleich zu Anfang einer Sitzung bringt der Klient seine Situation und Stimmung ein. Er gibt dadurch ein bestimmtes „Klima" vor, das je nach Art den Handlungsspielraum des ProSt-Anwenders einengt. Ein depressiver Klient bringt eine Schwere ein, die eine Stimmung wie in der Kirche schafft, wo Lachen fehl am Platze wäre. Oder eine Klientin berichtet so aufgebracht über ihren Ehemann, dass lockere Bemerkungen wie ein Sakrileg erscheinen würden.

Diese Einengung der Reaktionsmöglichkeiten beschränkt die Manövrierfähigkeit des ProSt-Anwenders. Deshalb wird er möglichst früh versuchen die vorgegebene Stimmungslage zu durchbrechen, um eine „es darf gelacht werden"-Stimmung einzuführen. Das erreicht er mit eingestreuten Anmerkungen, die das Gegenüber erst einmal stutzen lassen. Wenn dieses sich fragt „Wie war das jetzt gemeint" ist bereits eine Lockerung eingetreten.

Als nächstes bringt der Anwender nun eine doppeldeutige Bemerkung um zu sehen, wie weit sein Gesprächspartner schon eine andere Verständnisebene erkennen kann. Erst wenn er solche Zeichen sieht, wird er offensichtlich scherzhafte Bemerkungen oder Zweideutigkeiten bringen, die beim Klienten ein Lachen auslösen.

S wie „Sündenbock-Technik"

Die „Sündenbock-Technik" hat die allzu großen Abweichungen von der Mitte der dritten Achse des Willens [46] zum Inhalt. Es gibt auf der einen Seite übertrieben verantwortungsbewusste Klienten, die sich für alles Mögliche verantwortlich fühlen und immer gleich die Schuld bei sich selbst suchen, wenn etwas schief läuft. Auf der anderen Seite stehen die Klienten, die jegliche Verantwortung von sich weisen und bei jeder Gelegenheit die Schuld für einen Mißstand einem Dritten anlasten.

Je nach Verhalten des Klienten nimmt der ProSt-Anwender in übertriebener und absurder Weise entweder die Rolle des Beschuldigers ein oder die des „Anwalts des Klienten" (der ihn von aller Schuld freispricht). Im letzteren Falle macht er mal die Gene verantwortlich an der Misere des Klienten, mal die Politiker, mal die Wirtschafts- und Finanzlage oder ganz global das „Schicksal", das einem von „Oben" auferlegt wurde. Dabei wird die Haltung von totaler Fremdbestimmung derart überspannt, dass der Klient die Unhaltbarkeit dieser Position erkennt und (hoffentlich) revidiert.

Wenn der Klient jedoch sich selbst verurteilt und sich die alleinige Schuld gibt an seinen Problemen, dann beschreibt der ProSt-Anwender in übertriebener und absurder Form bildhaft, emotionsgeladen und manchmal auch in poetischer Weise wie sich die Feigheit, Faulheit und Festgefahrenheit, Ungeschicklichkeit und geis-

---

[46] Die Verantwortungsachse ist die dritte Achse des Willens.

tige Beschränktheit belastend und schädigend nicht nur auf ihn sondern genauso auf seine Umwelt auswirkt, auf das Wohlergehen seines Partners, seiner Kinder, der Eltern, Freunde und Mitarbeiter usw. Im Extremfall weist der ProSt-Anwender „überzeugend" nach, dass der Klient auch für das schlechte Wetter und für den drohenden Weltuntergang verantwortlich ist.

Es macht einem richtig Freude zu sehen, wie schnell diese Überzeichnungen bewirken, dass der Klienten dadurch wieder auf die Mitte auf der Verantwortungsachse zustrebt. Das Erfreuliche ist, wenn ihm klar wird: *„Ich weiß, wofür ich verantwortlich bin und wofür nicht!"*

U wie „Umdeutungen auf absurde Weise"

Umdeutungen dienen dazu, die bisherige Sichtweise des Klienten zu lockern und zu verändern. Am leichtesten ist es die *Bewertung* des Problems zu verändern: Das Problem wird als Vorteil oder Begabung umgedeutet. Zum Beispiel stellt der ProSt-Anwender das Problem „immer an den falschen Partner zu geraten" als Talent von Gottes Gnaden dar, welches nur die Klientin hat und keine andere. Dazu erfindet der Anwender „an den Haaren herbeigezogene" Begründungen und Erklärungen, die sie als wichtige Ressource für ihren Freundinnenkreis hinstellen. Sie spielt nämlich denen auf diese Weise nicht nur Partner zu, sondern schult diese auch noch vorher, erzieht und macht sie partnerschaftskompatibel. Diese Umdeutung wird sie aufbringen. Das fordert die Klientin heraus, sich von dieser Zuschreibung freizumachen und sich neu zu definieren. Jede Umdeutung zwingt den Klienten, sich klarer und differenzierter selbst zu definieren.

U wie „UnAs" (Unerwartete Aussagen/Antworten)

Im zwischenmenschlichen Austausch sind die meisten Reaktionen irgendwie ritualisiert und vorgegeben. Wenn einem jemand die Hand zum Gruß hinstreckt, ergreifen wir sie automatisch ohne zu überlegen. Selten wird uns bewusst wie viele unserer Reaktionen im Alltag diese „Automatik-Qualität" haben. Das erleichtert uns zwar das Leben, weil wir nicht mehr nachdenken und entscheiden müssen. Es hat aber auch den Nachteil, dass viele unserer Reaktionen durch diese Automatik nicht mehr reflektiert und korrigiert werden, wenn das nötig ist. Hier ist der ProSt äußerst hilfreich, in der Beratung wie im Alltag. Durch seine Forderung auf Klischees zu verzichten und durch unerwartete Reaktionen zu provozieren bringt er wieder Bewusstheit und Reflexion ins Spiel. Das sind die Voraussetzungen für zielgerichtete Veränderung.

Wenn der ProSt-Anwender also konsequent klischeefrei reagiert und agiert, wird bald auch der Klient spontaner und „aus dem Bauch heraus" reagieren. Dies ist vor allem dann gegeben, wenn die Aussagen und Antworten des ProSt-Anwenders die Gefühle des Klienten ansprechen. Der Klient hat sich dadurch auch weniger unter Kontrolle. Er wird dem Anwender nichts vorspielen sondern zeigt sich „echt". Ohne solche unerwartete Reaktionen spulen die meisten Klienten oft nur ein vorbereitetes Repertoire ab, so dass nichts Neues passiert. Es gibt kein Umdenken und folglich auch keine Verhaltensänderung.

Durch den Einsatz der Technik der „Unerwarteten Aussagen und Antworten" kommt der ProSt-Anwender fast automatisch an den „Längeren Hebel". Sein Gegenüber kann ihn nicht vorausberechnen und muss erst einmal überlegen.

Die Technik „UnAs" eignet sich besonders bei Klienten, die die Kompetenz des ProSt-Anwenders in Frage stellen oder ihn sogar abwerten oder geringschätzig behandeln. Durch diese Technik ist der ProSt-Anwender solchen Klienten immer eine Nasenlänge voraus.

U wie „Urteile"

Ein wichtiger Grundsatz im ProSt besagt, dass der Anwender keine Stellungnahme bezieht (mit einer Ausnahme) und auf keinen Fall eine Entscheidung für den Klienten treffen soll. Der Klient hat die Freiheit sich für jedweden Lebensstil zu entscheiden, auch für Dinge, die nicht mit den Einstellungen des Beraters übereinstimmen. Eine ProSt-Maxime lautet: *„Der Anwender trifft keine moralischen Bewertungen"*, ganz gleich für welchen Lebensstil sich der Klient entscheidet, welche modische Verrücktheit er mitmacht oder wie er mit seinem Körper umgeht.

Eine Ausnahme allerdings gibt es: die sog. „Leuchtturm-Prinzipien". Dieser Ausdruck wurde von Stephen Covey geprägt für eine Liste von Paradigmen (Grundprinzipien), die Hans-Ulrich Schachtner auf die drei wesentlichsten für das zwischenmenschliche Zusammenleben reduziert hat: Redlichkeit (*„Ich spreche die Wahrheit und stehe zu meinem Wort"*), Fairness (*„Ich behandle andere genauso, wie ich auch selbst behandelt werden möchte"*) und Rechtschaffenheit (*„Ich sorge für mich selbst und lebe nicht auf Kosten anderer"*). Diese ethischen Werte vermittelte Frank Farrelly damals in den Einzelsitzungen in seiner Praxis in Amerika, die H.U. Schachtner bei seinen Studienaufenthalten live miterlebte.

Die „Leuchtturm-Prinzipien" verstehen sich als eine Art Leitplanken, innerhalb derer ein unermesslich großes Spektrum an unterschiedlichen Lebensstilen Platz hat. So kann zum Beispiel der ProSt-Anwender in seinem Leben eindeutig für Monogamie plädieren, wird aber völlig akzeptieren, wenn sich der Klient für irgendeine andere Form des Zusammenlebens entscheidet. Hauptsache, sie geschieht nicht auf Kosten und zum Leidwesen eines anderen.

Die drei „Leuchtturm-Prinzipien" sind Werte ohne die niemals ein friedliches Zusammenleben möglich sein wird. Wenn auch nur eines fehlt, entsteht Chaos und Ungerechtigkeit. Ein Vorgehen, das sich davon lossagt, wäre zerstörerisch für die menschliche Gemeinschaft. Auch im ProSt geht es nicht ohne Ethik!

Ü wie „Über das Gesagte hinausgehen"

Der Berater kann seinen Klienten optimal von seiner Einfühlung und seinem Durchblick überzeugen, wenn er über das vom Klienten Gesagte hinausgeht. Die übliche Art eine gute Beziehung und einen „Guten Draht" herzustellen ist dem anderen zu signalisieren, dass man ihm zugehört und ihn verstanden hat. Wenn dies allerdings nur durch Wiederholen seiner letzten Worte geschieht, bekommt das etwas Starres, Mechanisches und Unüberzeugendes.

Anders wirkt es, wenn der ProSt-Anwender zeigt, dass er in die Geschichte des anderen „einsteigt", indem er den Faden weiter spinnt, die dabei auftretenden Gefühle und Gedanken schildert und Details einfügt, die über das vom Klienten Gesagte hinausgehen. Der ProSt-Anwender demonstriert dadurch tiefes Verständnis und beteuert es nicht nur (was ohnehin nichts nutzen würde) mit der abgenützten Formel „Ich verstehe Sie ja sooo gut!".

Diese Maßnahme ist besonders bei Klienten wichtig, die sich schon zu Beginn des Gespräches schwer tun, sich zu äußern. Es ist eben manchen Menschen unangenehm über ihre Probleme zu reden, geschweige denn über ihre Gefühle. Oft reichen schon kleine Bemerkungen aus, um das Gegenüber zum Sprechen zu bewegen.

Ein Beispiel mag das veranschaulichen: Zu Beginn fragt der Anwender den Klienten „Was ist Ihr Problem?". Der Klient antwortet nicht gleich, sondern guckt nur betreten und druckst herum. Wenn jetzt der Anwender z.B. sagt: „Oh je, so ein großes Problem haben Sie, mit dem Sie sich sicher schon lange rumschlagen!", dann fühlt sich der Klient durch diese kurze Bemerkung schon ein Stück verstanden. Der „Gute Draht" kann bereits durch diese kleine Bemerkung gestärkt werden.

Während des Gespräches demonstriert der ProSt-Anwender ständig durch einfühlsame und treffende Bemerkungen, dass er seinen Klienten wirklich versteht. Dabei ergänzt der Anwender die Schilderungen des Klienten um Details, die der Klient nicht genannt hatte und demonstriert damit seine Fähigkeit, nachvollziehen zu können, was der Klient erlebt hat. Es gibt keine bessere Methode einen „Guten Draht" herzustellen, da sie ein tiefes Bedürfnis des Menschen befriedigt: von anderen erfühlt zu werden.

Geht der Berater über das Gesagte hinaus, so merkt der Klient dadurch auch, dass der ProSt-Anwender erfahren und kompetent ist. Das steigert das Vertrauensverhältnis. Das „Demonstrieren statt Beteuern" ist ein wesentliches Kriterium im ProSt-Gespräch. Ein wichtiges Ziel ist hierbei, den Klienten emotional zu beteiligen. Manchmal können Aussagen des ProSt-Anwenders an die Grenzen des Verkraftbaren gehen.

Ü wie „Überzeichnen"

Ein beliebtes ProSt-Mittel sind Überzeichnungen, die manchmal an Klischees grenzen. Zum Beispiel *„Stammes-Weisheiten"* von Männern bzw. Frauen wie *„Männer wollen nur das Eine", „Männer sind nur auf Karriere aus", „Junge Männer haben einen knackigen Körper", „Frauen wollen auf Kosten der Männer leben", „Blondinnen sind doof", „Frauen kaufen zu viele Schuhe", „Frauen können nicht einparken", „Frauen kann man nicht ändern", „Junge Frauen sind attraktiver und schaffen mehr", „Unzufriedene Frauen brauchen einfach nur mehr Sex", „Alte Frauen/Männer können nicht mehr mithalten mit den Jungen", „Alte Frauen/Männer sind überflüssig, werden nicht mehr gebraucht"* usw.

Durch überzeichnete Behauptungen kann der ProSt-Anwender seinen Klienten emotional aufbringen, ihn provozieren und zum Widerspruch anregen, was ja eines der Hauptziele im ProSt-Gespräch ist. Der Widerspruch dient letztlich zur Korrektur und Differenzierung des eigenen Selbst- und Weltbildes.

Wichtig ist, die Überzeichnungen in einen Kontext zu stellen, der sie als „nicht wirklich ernst gemeint" kennzeichnet. Das ist in jedem Fall eine Gratwanderung und eine Frage der Dosierung, die immer den Verständnisrahmen des Gegenübers berücksichtigen muss!

Ü wie „(Innere) Überzeugungen verändern"

Die Überzeugungen eines Menschen bestimmen mehr als alles andere sein Denken, seine Gefühle und sein Verhalten. Nachhaltige Veränderungen gehen immer vom Positionswechseln im Bereich der Überzeugungen aus. Deshalb ist das Ziel im ProSt-Beratungsgespräch den Klienten durch humorvoll gestaltete Herausforderungen zum Überdenken seiner blockierenden Glaubenssätze zu bewegen. Im Idealfall wird er seine inneren Überzeugungen (die ihm meist unbewusst sind) und die damit verbundenen absurden Verhaltensweisen überprüfen, damit er sein Leben erfreulicher und erfolgreicher gestalten kann.

V wie „Veränderung durch Emotionen"

Erfahrungsgemäss wollen Menschen sich nicht gerne verändern. Sie wollen ihr Denken, Fühlen, Handeln und ihre Gewohnheiten beibehalten. Alles was ihnen bekannt ist, macht sie zwar sicher, nur leider fördert das auch ihre Wachstumsbremsen! Sie bleiben stehen.

Wissenschaftliche Untersuchungen zeigten, dass Menschen immer dann besonders viel dazulernen und sich verändern, wenn sie in emotionale Erregung versetzt werden. Nicht umsonst wird im Fernsehen ausgerechnet im spannendsten Moment des Spielfilms die Werbung eingeblendet! Doch zu viel Erregung überfordert und macht Angst während zu wenig Emotionen alles beim Alten belässt.

Der ProSt-Anwender weiß um die Kraft der Emotionen in Zusammenhang mit Verhaltensänderung. Aus diesem Grunde versucht er während des Beratungsgesprächs so oft wie möglich Emotionen anzusprechen durch bildhafte, plakativ übertriebene Sprache in Verbindung mit nonverbalen Signalen, die Wohlwollen ausdrücken. Je hartgesottener ein Klient ist, je mehr er eine derbe Sprache gewohnt ist, desto derber muss auch die des ProSt-Anwenders sein, um den Klienten überhaupt emotional zu erreichen. Das Gegenteil ist der Fall, wenn ein Klient unsicher ist, nur wenig spricht und mit dem Blick ausweicht. Dann braucht es natürlich ein behutsameres Herausfordern! (sh. F wie „Fähigkeiten des ProSt-Anwenders").

V wie „Verschwörer-Technik"

Manche Klienten haben von vornherein Zweifel an der Loyalität des ProSt-Anwenders. Hier hilft die „Verschwörer-Technik". Dies trifft insbesondere dann zu, wenn ein misstrauischer Klient zum ProSt-Anwender „geschickt" wurde.

Zum Beispiel wird ein Ehemann, der von seiner Frau gedrängt wurde nun auch mal zu ihrem Therapeuten zu gehen, erst einmal misstrauisch sein, ob er diesem Therapeuten vertrauen kann. Ebenso ein Jugendlicher, den seine Eltern wegen Schulschwierigkeiten zum Psychologen schicken, wird sich ihm nicht gleich voll anvertrauen wollen.

Die „Verschwörer-Technik" kann Vorbehalte schnell beiseite räumen, wenn sie mit entwaffnendem Charme und einem Augenzwinkern eingesetzt wird. Nach dem üblichen Vorgeplänkel mit Vorstellung, Daten abfragen und Ziele abstecken neigt man sich dabei verschwörerisch zum Klienten hin. Der ProSt-Anwender guckt vielleicht noch andeutungsweise nach rechts und links um sicher zu sein, dass keine Lauscher in der Nähe sind. Dann gibt er dem Klienten einen Insider-Tip, ganz „im Vertrauen" natürlich. So könnte er dem Patienten sagen: „Wenn der Chefarzt in der Nähe ist, müssen Sie ein bisschen mehr humpeln. Er glaubt sonst sie wären fit!"

Durch sein mimisch-gestisches Verhalten deutet der ProSt-Anwender die Rolle eines Verschwörers an. Er geht mit dem Klienten ein Bündnis ein und gibt Tipps wie sich der Klient klug verhalten könnte.

Zugleich deutet er damit an, dass er das Spiel des Klienten auf eine wohlwollende Art durchschaut. Auf diese Weise kann der ProSt-Anwender auch den „sekundären Krankheitsgewinn" ansprechen ohne als Ankläger oder Gegner empfunden zu werden (sh. –> Sekundärer Krankheitsgewinn).

Auch im Umgang mit Jugendlichen eignet sich die „Verschwörer-Technik". Der ProSt-Anwender zeigt dem Jugendlichen, dass er nicht einen „Feind" sondern einen Unterstützer vor sich hat: *„Deine Eltern wüssten gerne, was wir hier besprechen, aber das bleibt unter uns, klar?".*

V wie „Vulgäre Sprache"

Es gibt ProSt-Anwender, die gerne vulgäre Ausdrücke verwenden. Da wimmelt es manchmal von Ausdrücken, wie „Arsch", „ficken" und „Scheiße". Da solche Worte ein Tabu verletzen, werden sie vermutlich eingesetzt, um zu schockieren. Sicherlich kann man damit emotionale Erregung hervorrufen. Vor allem, wenn das Gespräch als Demonstration vor einem Publikum stattfindet. Vulgäre Ausdrücke bewirken starke Wirkungen und erzeugen schneller ein Lachen (auf Kosten Dritter?!). Trotzdem muss davor gewarnt werden. Der Effekt hält nicht lange vor.

Das Publikum merkt irgendwann, dass die Vulgärsprache nicht selten Effekthascherei ist. Diese dient meiner Meinung nach nicht in erster Linie dem Klienten. Dass diese Effekthascherei nur kurzfristige Wirkungen bringt, hat schon mancher Entertainer (z.B. Ingo Appelt) erleben müssen, der zu sehr auf Kraftausdrücke und Schocks durch Tabuverletzungen gesetzt hatte. In einem achtungsvollen Gespräch sind solche Ausdrücke ohnehin stillos und fehl am Platz.

Vulgärsprache erzeugt zwar schnelle Lacher, doch dieses Lachen muss nicht zwangsläufig ein positives sein. Es kann auch ein Auslachen bedeuten oder ein peinliches Lachen sein. Humor ist zwar ein sehr wichtiges Mittel im ProSt-Gespräch, doch die Qualität des Humors ist dabei das Wichtige. Der Humor sollte immer konstruktiv und wohlwollend sein.

Die wahre Kunst im ProStGespräch ist das Hervorrufen eines heilsamen Lachens, das Erleichterung und Befreiung ausdrückt. Ein Lachen, das verbindet und nicht auf Kosten des Klienten oder auf Kosten von Mitmenschen geht.

W wie „Wachstumsbremsen"

Der Begriff „Wachstumsbremsen" bezeichnet menschliche Eigenschaften, die das persönliche Weiterkommen behindern. Wachstumsbremsen sind so etwas wie der populäre Begriff des „inneren Schweinehunds". H.-U. Schachtner zeigte als erster auf, dass wir drei dieser Wachstumsbremsen oder „inneren Schweinehunde" haben, und zwar in jeder Instanz der menschlichen Psyche, dem Denken, dem Fühlen und dem Handeln. Im Handeln kennen wir die Wachstumsbremse als Trägheit, Faulheit oder Bequemlichkeit, wenn wir zum Beispiel sagen: *„Muss das denn ausgerechnet jetzt sein? Das geht doch morgen auch noch!"*.

Im Fühlen (das ja unser innerer „Motor" ist, der uns Schubkraft zum Handeln gibt) spüren wir das als Zögern, Zweifeln und schließlich als Kneifen: Wir stellen uns einer Herausforderung nicht und weichen aus. Am besten erkennt man diese Wachstumsbremse an den vielen Ausreden, die wir uns einfallen lassen um etwas nicht tun zu müssen. Diese Wachstumsbremse tarnt sich gerne, z.B. als gutmütige Toleranz (nämlich dann, wenn wir jemanden zur Rede stellen sollten) oder als Vorsichtigkeit (da, wo wir Mut oder Zivilcourage zeigen sollten). Menschen, die an den vielen „Weggabelungen" des Lebens, an denen sie sich für Risiko/Chance oder für Sicherheit entscheiden müssen, immer die sichere Richtung nehmen, kommen im Leben nicht weit und bedauern im Alter all die verpassten Chancen.

Die „Wachstumsbremse" im Denken ist Engstirnigkeit, eine Festgefahrenheit in den Ansichten, mit Vorurteilen, Rechthaberei, Dünkel, Arroganz und Spießertum. Dieser Schweinehund tarnt sich am allerbesten. Deshalb ist er auch am schwierigsten zu bekämpfen. Hier brauchen wir fast immer die Hilfe von aussen. Wenn man im Denken festgefahren ist, merkt man das selbst erst als Letzter.

W wie „Widerstand erzeugen"

Niemand mag sich gerne in Frage gestellt fühlen, mit einem Etikett versehen oder auf Eigenschaften festgelegt werden. Die Reaktion darauf ist meist ein vehementes Dagegengehen, ein Dementi oder ein Gegenbeweis. Diese Reaktionen besitzen starke Motivationskraft. Sie können recht gut zum Nutzen des Klienten eingesetzt werden.

Wenn man den Klienten nämlich durch provozierende Aussagen auf eine „Nein"-Haltung festgelegt hat, braucht der ProSt-Anwender nur noch die problematischen Haltungen und Ansichten des Klienten vertreten. Dann wird der Klient auch gegen *diese* Position beziehen.

Von Dr. Milton Erickson wird eine interessante Episode berichtet. Er hat in einem seiner Vorträge einem Zwischenrufer (*„Hypnose ist doch alles Quacksalberei!"*, *„So einen Unsinn glaubt doch niemand!"*) auf autoritäre Art befohlen den Mund zu halten. Natürlich machte dieser Mann damit weiter. Erickson verbot ihm dann sukzessive (eingestreut in seinen Vortrag) ja nicht aufzustehen, um Zurufe zu machen, ja nicht nach vorne zu kommen und ja nicht die Bühne zu betreten (*„Sie würden es nicht wagen, zu mir auf die Bühne zu kommen!"*). Er forderte ihn heraus, ihm die Hand zu geben und schließlich noch, sich in einen Sessel zu setzen, der auf der Bühne stand und dort in Trance zu gehen. Dieser Mann merkte nicht einmal, was mit ihm geschah während er sich jedem Ansinnen Erickson's widersetzte (und dabei genau das tat, was dieser wollte! Daran kann man sehen, welche Kraft in einem „NEIN-Set" steckt und wie auch so etwas zum Besten eines anderen genutzt werden kann.

Der ProSt-Anwender nutzt die Kraft der „Nein-Haltung", indem er gezielt Aussagen über den Klienten macht, die bei diesem Widerstand erzeugen. Dadurch lernt der Klient auch noch, seine Selbstsicht adäquat zu verteidigen. Oder - was manchmal noch besser ist - er handelt auf eine Weise, die der geäußerten Meinung widerspricht und wächst auf diese Weise über sich selbst hinaus. Das „Dem werd' ich's zeigen!" gibt einen enormen Motivationsschub, der Menschen zu großen Anstrengungen und Leistungen beflügelt.

X wie „X-fache Wiederholungen"

Manchmal besteht das provokative Vorgehen darin, den Klienten zu nerven und „auf den Geist" zu gehen. Dazu eignet sich wunderbar das ständige Wiederholen von negativen Bemerkungen, die der Klient über sich selbst gemacht hat. Gerade körperliche

Unzulänglichkeiten eignen sich dazu. Hat eine Klientin z.B. ihre Lippen als zu schmal bezeichnet oder ihren Busen als zu klein, so wird das immer wieder eingebracht. Solche Meinungen benutzt der ProSt-Anwender warum sie keinen Mann bekommt, oder nicht auf Parties eingeladen wird, auf Fotos nicht gut aussieht usw.

Eine andere Art von Wiederholungen ist das Auflisten. Wann immer der Klient mehrere negative Dinge über sich gesagt hat, macht der ProSt-Anwender eine Liste daraus. Bei jeder passenden und (vor allem) unpassenden Gelegenheit „betet" er die Liste herunter.

Die Folge dieser Maßnahmen ist, dass die emotionale „Ladung" der Items auf der Liste stark nachlässt. Wenn man etwas immer und immer wieder hört, wird man resistent dagegen (das weiß jedes Kind, dessen Mutter viel nörgelte). Dann regt sich auch Widerstand dagegen, man „kann es nicht mehr hören!" und lehnt diese Aussagen ab, die man mal selbst über sich gesagt hat (!). Bei Listen ist dieser Effekt noch stärker als bei einzelnen Aussagen.

Y wie „YouTube"

Ab Herbst 2012 können Sie im YouTube erkenntnisreiche Kommentare zu den Kurzinterviews „Role-play your most difficult client" von Frank Farrelly sehen, in denen Hans-Ulrich Schachtner den tieferen Sinn und Zweck der einfallsreichen Interventionen Franks erläutert. Wie Sie die dazu gehörige DVD bekommen können, finden Sie im Anhang.

Z wie „Zerrspiegel"

Der ProSt-Anwender spiegelt die Selbst- und Weltsicht des Klienten zunächst auf eine Weise, die dem Klienten Verständnis vermittelt und einen „Guten Draht" herstellt. Allmählich aber beginnt der Anwender, die ungesunden Anteile der Sichtweisen und Glaubenssätze des Klienten mehr und mehr zu karikieren und steigert das dann bis ins Absurde. Zum Beispiel übernimmt er dessen negative Aussagen bezüglich seines Aussehens und steigert sie in Ausmaß und Wirkung, bis der Klient widerspricht.

Überraschenderweise stimmt der Klient manchmal auch dem verzerrten und übertrieben gezeichneten Bild vom eigenen Körper zunächst noch zu (z.B. *„Ihre Nase ist zu groß", „Die Beine sind zu kurz", „Ihr Kopfform ist nicht gelungen", „Ihr Busen ist zu klein"* etc.). Erst wenn es dann wirklich absurd wird, „steigt er aus" und widerspricht, oder schwächt ab („so schlimm ist es nun auch wieder nicht").

Der ungeübte ProSt-Anwender sollte sich darauf gefasst machen, dass er bei manchen Klienten extreme „Verzerrungen" bringen muss, bis der Klient wiederspricht und endlich eine Haltung von Selbstakzeptanz vertritt.

Eine weitere Möglichkeit das Selbst- und Weltbild zu verzerren besteht im übertriebenen Karikieren des nonverbalen Verhaltens des Klienten. Durch pointiertes Nachäffen dessen persönlicher Eigenarten (z.B. polternder Gang, schriller Tonfall, verkniffener Gesichtsausdruck, unterwürfiges Dienen beim Handgeben usw.) konfrontiert er den Klienten mit seiner Wirkung auf andere. Dadurch wird ihm bewusster gemacht was er tut. Dies wiederum regt an, dass er sein Verhalten ändert.

Z wie „ Zitat-Technik"

Wenn dem ProSt-Anwender eine Provokation zu deftig oder riskant erscheint, kann er einen einfachen Trick anwenden, um den „Guten Draht" nicht zu verlieren. Er legt diese Aussage jemand anderem in den Mund und zitiert quasi diese andere Person. Wenn er also sagt „Meine Großmutter würde so einen Schlips furchtbar kitschig finden" kann der Klient ihm nichts vorwerfen. Der ProSt-Anwender hat es ja nicht selbst gesagt. Dasselbe gilt auch für Witze, bei denen er sich nicht sicher ist, ob der Klient ihn noch tolerierbar findet.

Z wie „ Zukunftsszenarien"

Ein häufiger Grund für den Mangel an Verantwortung für sich und sein Leben ist die Weigerung, nach vorne zu schauen und die Folgen des jetzigen Verhaltens in die Zukunft zu projizieren. Was für ein Kind noch angemessen ist, bezeichnet man beim Jugendlichen oder Erwachsenen als unreif bis pathologisch. Im „ProSt" gibt es ein probates Mittel dagegen: Die horrormäßigen „Zukunftsszenarien".

Damit man mit düsteren Zukunftsprognosen nicht wie ein pessimistischer Elternteil oder gar ein amerikanischer „Doomsday-Prediger" klingt, sollte man zwei Regeln beachten:

– das „Zukunftsszenario" sollte auch skurrile und lustige Elemente beinhalten

– das Drama und die Tragik sollte zumindest teilweise, immer mal wieder heruntergespielt werden. Zum Beispiel indem der ProSt-Anwender den Job bei der Müllabfuhr, der dem Jugendlichen bei seinen schulischen Leistungen noch bleibt, als interessant und abwechslungreich schildert.

Der Kniff ist also düstere Bilder zu malen, die abschreckend wirken. Diese werden gleichzeitig in einen Rahmen gestellt, der sie als gar nicht so übel und fast annehmbar hinstellt. Der ProSt-Anwender präsentiert sich, als wollte er ihm diese beschriebene Zukunft „verkaufen". Ein solches Vorgehen kann recht heilsam sein. Der Klient kann zwar über die horrormäßigen Bilder lachen, bekommt aber gleichzeitig vor Augen geführt, welcher Zukunft er entgegen geht, wenn er nicht „in die Gänge kommt" und seine Wachstumsbremsen mit klarem Denken, Mut und Tatkraft überwindet. Diese „Zukunftsszenarien" können mächtige Motivationsschübe auslösen.

Fazit: Die Ablehnung einer derart geschilderten Zukunft soll vom Klienten kommen. Das Ziel ist erreicht, wenn der Klient sagt: *„Oh Gott! Alles, bloß das nicht!".*

Z wie „Zumutung"

Provokative Kommunikations-, Coaching- und Therapieelemente sind je nach Ausgestaltung eine schwächere bis stärkere Zumutung für den Klienten. Er dosiert seine Aussagen und Behauptungen mal dezenter und mal deftiger, je nach Klient und den Anforderungen der Situation.

Ein Meister der situativ eingesetzten Provokation war der weltweit bekannte Hypnosetherapeut, Dr. Milton Erickson. Er arbeitete bei manchen Patienten drastisch provozierend, bei anderen wiederum auf sehr subtile Weise, aber immer fein abgestimmt auf die Notwendigkeit der Situation.[47]

---

[47] Sie finden Beispiele in Jay Haleys Buch über Dr. Milton Erickson „Uncommon Therapy" und filmische Beispiele im DVDPaket „Dr. Milton Erickson live", sh. Anhang.

Z wie „Zweifel und Zuversicht"

Zweifel und Zuversicht sind beide Motivationsparameter. Der Zweifel bremst und die Zuversicht verstärkt die Lust etwas anzugehen.
Der Prost-Anwender verwendet mal die eine, mal die andere Seite,
Je nachdem ob ein Klient zum Beispiel leichtsinnig und verantwor-
tungslos handelt und lernen sollte mehr zu überlegen bevor er sich
in ein Abenteuer stürzt. Oder ob es ein Klient ist, der mutiger und
einsatzfreudiger sein sollte.

Auch in diesen Fällen werden die Maßnahmen wieder paradox und
das Gegenteil von dem sein, was üblicherweise zum Einsatz
kommt. Dem Leichtsinnigen wird zugeraten sich ins Abenteuer zu
stürzen. Aber auf eine so verdächtige Weise, dass der Klient dadurch misstrauisch wird, zu zweifeln beginnt und sich auf weise
Vorsicht besinnt.

Im umgekehrten Fall, wenn jemand allzu zögerlich ist, rät der
ProSt-Anwender zu noch mehr Vorsicht, zu einem Erwägen aller
möglichen Gefahrenquellen bis zum totalen Stillstand jeglicher
Aktion. Wenn der ProSt-Anwender dem Klienten beim Zweifeln hilft,
wird dieser bald bemerken wohin das führt: Zum „Durch und durch
Ver-Zweifeltsein". Da möchte er ganz bestimmt nicht hin.

Schlussbemerkung

Die Erfahrung zeigt, dass die meisten emotionalen und körperlichen Beschwerden durch lieblose Kommunikation hervorgerufen werden. Das ProSt-Gespräch kann den Klienten zwar motivieren, sein Leben in die eigene Hand zu nehmen, wieder selbstverantwortlich zu handeln, doch reicht dies nicht aus! Er braucht auch das nötige Kommunikations-Wissen, das geeignete KnowHow für einen erfolgreichen Umgang mit anderen. Zum einen um die Liebe und die Achtung anderer zu gewinnen, einen positiven Einfluss auf andere zu haben, der ihm ihre Kooperation sichert, und zum anderen deshalb, dass er in Konflikt-Situationen nicht wieder in alte Verhaltensmuster fällt.

Wir haben weder von unseren Eltern, noch in der Schule oder Universität, noch von Politikern und anderen Meinungsbildnern gelernt wie wir Konfliktsituationen im Alltag, Beruf und in der Liebe zum Wohle der Gemeinschaftsförderung lösen.

Die Aufgabe eines verantwortungsvollen ProSt-Anwenders besteht meines Erachtens auch darin, sich selbst dieses Wissen anzueignen und es dann seinen Klienten weiterzugeben. Dies wird dann erst Früchte tragen, wenn der Klient seine „Wachstumsbremsen" abbaut und offen ist für die Neugestaltung seines Lebens. Der Lohn ist, ein Leben in Harmonie führen zu können.

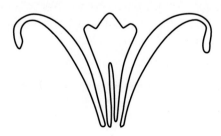

Nachwort

Zum Abschluss möchte ich[48] die *Ziele* all der geschilderten Methoden und Maßnahmen aufzählen, wodurch der Aktionsradius ihrer Wirksamkeit und Zuständigkeit deutlich wird. Ich möchte verhindern, dass es dem Neuling so geht wie mir in den ersten Jahren ab 1980 als ich diese Techniken zum ersten Mal begeistert einsetzte. Damals machte ich die Erfahrung, dass ich durch den engagierten Einsatz der „Provokativen Techniken" mehr Klienten in drei Wochen vertreiben konnte als in drei Monaten wieder nachkamen.

Damals hatte ich die Techniken nur durch das Buch „Provocative Therapy" erworben. Die nächste, dringend notwendige Stufe war dann, das ahnte ich schon, sie „live" durch den Begründer dieses Ansatzes zu erleben. Das tat ich dann im Jahr darauf. Das brachte mich einen Riesenschritt vorwärts, weil ich dabei lernte welche *inneren Haltungen* sie erst positiv wirksam machen konnten.

Schon damals 1981, in Frank's Praxis in Madison fiel mir auf, dass er selbst nicht gerade überlaufen war mit Patienten. Seine zwei Kollegen, die ganz andere Therapieansätze als er in seinen Räumen praktizierten, hatten hingegen regen Zulauf.[49] Nach meiner damaligen Einschätzung hätte Frank - als der Initiator einer potenten, innovativen Therapieform - eigentlich hoffnungslos ausgebucht sein müssen, während seinen zwei Kollegen nur das Klientel geblieben wäre, das aufgrund der langen Wartezeiten beim „Schmied" halt mit dem „Schmiedel" hätte vorlieb nehmen müssen. Doch im jugendlichen Überschwang und meiner Begeisterung verdrängte ich solche kritischen Gedanken.

---

[48] Hans-Ulrich Schachtner

[49] Das Ganze firmierte unter „Madison Psychotherapy Associates".Wenn die Klienten seiner Kollegen, die Körpertherapie machten, so laut weinten oder schrien, dass es auch in seinem Zimmer zu hören war, kommentierte er das seinem Klienten gegenüber mit: „Falls Sie auf meine Behandlung nicht ansprechen, dann kommen Sie auch in die Folterkammer nebenan!"

Als ich Frank damals kennenlernte und an langen Abenden, die wir auch oft in seiner Hobby-Schreinerwerkstatt[50] zubrachten, gut Freund mit ihm wurde, lernte ich ihn vor allem wegen seiner Herzlichkeit und seiner hohen Werte schätzen und lieben.

Zweieinhalb Wochen lang konnte ich ihn sowohl zuhause als auch mit seinen Freunden und natürlich auch mit seinen Klienten kennen lernen. Ich saß in allen seinen therapeutischen Sitzungen als aufmerksamer Beobachter bei. Dieser innige Kontakt, den ich im darauf folgenden Jahr durch einen noch längeren Besuch weiter vertiefte, zeigte mir einen Frank, den seine Seminarbesucher wohl nicht kennen lernten: Einen tief gläubigen, seinen hohen Werten verpflichteter, authentischer Mensch. Er sah seine Aufgabe darin, allen Menschen, mit denen er in Kontakt kam, diese hohen Werte zu vermitteln und vorzuleben.

Diese Qualität, die sehr stark in den Sitzungen mit den Klienten in seiner Praxis in Madison zum Tragen kam[51], war kaum noch zu spüren in den Modulen und Sitzungen, die er international auf vielen Bühnen zeigte. Das mag an der mangelnden Privatheit des Settings liegen, vielleicht auch an einer Verunsicherung durch mangelnde Vertrautheit mit dem kulturellen Hintergrund seiner Klienten. Fakt ist, dass ein ganz wesentlicher Bestandteil seiner Arbeit zunehmend zu kurz kam.

Ich konnte nachvollziehen, dass Frank, als einsame Ikone seines „Babys" *Provokative Therapie* diese in Reinform zeigen wollte und er deshalb den mehr konventionellen Anteil seiner

---

[50] Als Frank erfuhr, dass ich seit Jahren neben meiner Praxis eine Schreinerwerkstatt betrieben hatte, bot er mir einen Austausch an: „Ich zeig Dir tagsüber, wie ich therapiere und Du zeigst mir abends, wie man schreinert. und drechselt"

[51] Seine Sitzungen waren aufgeteilt in einen provokativen und einen Klartext-Abschnitt. Im provokativen ging es um die Ausweichmanöver und Irrglauben der Klienten und im Klartext-Bereich um die gefühlsmässigen Reaktionen, die dann in eine Ziel- und Werteklärung mündeten, die dem Klienten klare Orientierungen vermittelten.

ursprünglichen Therapie immer mehr fallen ließ. In meinen eigenen Sitzungen als Therapeut merkte ich allerdings bald, dass diese „Reinform" eine arge Beschränkung bedeutete. Nach den ersten Sitzungen lief sich das Provozieren tot. Es war für den weiteren Verlauf einer tiefergehenden Therapie eher hinderlich als nützlich. Damals kam mir zu Bewusstsein, dass Frank's Ansatz wohl mehr eine Kommunikationsweise war als eine vollwertige, komplette Therapie. Von da an nannte ich ihn nicht mehr „Provokative Therapie" sondern „Provokativer Stil" und kürzte das ab auf „ProSt".

Schon bald setzte ich den „Provokativen Stil" nur noch am Anfang der Therapie bzw. des Coachings ein. Sporadisch auch dann, wenn der Klient wieder in irgendwelche Spielchen zurückrutschte. Eine Klientin sagte nach so einem Wechsel ins Provokative: *„Sie haben vollkommen Recht, Herr Schachtner. Ich hab' es wirklich verdient, dass sie wieder so (provokativ) mit mir reden."*

Der „ProSt" ist für mich nach wie vor ein wunderbarer Einstieg in die Therapie und in das Coaching mit einem neuen Klienten. Erstens schafft man damit blitzschnell einen „Guten Draht" zum Klienten. Und das gilt für fast alle Begegnungen mit neuen Personen, also auch im Alltag. Und zweitens kürzt man auch die eigentliche Therapie ab. Warum das so ist, will ich kurz erklären:

Etwa zwei Drittel der Klienten haben zu Beginn einer Beratung noch nicht die optimale Haltung zu einem wirklich fruchtbaren Austausch mit ihrem „people helper". Manche wollen den Austausch kontrollieren und manche dominieren. Andere wollen den Berater instrumentalisieren und manche sind es gar nur „Trostpreis-Patienten", die sich und der Welt beweisen wollen, dass ihr Problem so überwältigend ist, dass niemand es lösen kann. Solche Patienten haben manchmal eine stattliche Liste von Vorbehandlern (die von vielen „Dr.s" und „Prof. Drs." aufgewertet wird).

Solche Störmanöver lassen sich mit dem „ProSt" rasch und auf unterhaltsame, spaßige Weise beiseite räumen. Und auch eine zweite, ungemein wichtige Hürde lässt sich damit ganz hervorragend meistern: Die „Wachstumsbremsen" oder der „Dreifaltige Schweinehund", wie ich sie heute nenne.

Wie Wachstumsbremsen einen Therapieerfolg vereiteln können ist nicht schwer nachzuvollziehen. Der Klient kommt mit einem Anliegen, einem Problem, dessen Lösung ihm bisher nicht gelungen ist. Aus diesem Scheitern haben sich einige Abwehrhaltungen und Ausweichmanöver ergeben, die ihn davon abhalten das Problem überhaupt noch wirksam anzugehen.

Dieses Verhalten kennt jeder sehr gut im Kleinen, z.B. wenn eine wichtige, aber unangenehme Schreibtischarbeit ansteht (wie die Steuererklärung). Da fällt einem ein, dass noch Toilettenpapier eingekauft werden sollte, dass der tropfende Wasserhahn repariert werden muss, dass noch ein paar dringende Telefonate erledigt werden sollten, der Hund dringend raus muss und man plötzlich großen Hunger verspürt.

Mit dem „ProSt" entlarven wir „Ausweich-Manöver" und „verstopfen" all diese Schlupflöcher, so dass dem Klienten nur noch ein Weg bleibt: Das Problem endlich anzugehen. Bei manchen Klienten reicht das schon und sie kommen „in die Gänge", so dass die Therapie bald beendet werden kann. Das gilt aber nur für Klienten oder Seminarteilnehmer, die ohnehin schon recht gut mit ihrem Leben zurecht kommen. In den meisten Fällen ist es damit jedoch nicht getan.

Die eigentliche Arbeit fängt nach dem Provozieren erst an. Da gibt es vielleicht tiefsitzende „Wachstums*blockaden*"[52], die

---

[52] Damit sind traumatische Erlebnisse gemeint, die unseren Klienten einen wichtigen Bereich ihres Wesens verschlossen haben, wie Demütigungen, tiefe Enttäuschungen oder Gewalt und Missbrauch. Dann muss die Therapie diesen Bereich wieder öffnen.

erst noch überwunden werden müssen, bevor der Klient für die bevorstehenden Aufgaben seines Lebens gerüstet ist.

Eine weitere häufig auftretende Situation, meist gegen Ende der Therapie, bei dem ich mit dem „ProSt" nicht weiter kam, waren ernst gemeinte und berechtigte Fragen von der Art: „Herr Schachtner, mal ganz ernst, was tut man in einem Fall, wo sich der andere sich weigert/wütend wird/sich stur stellt/ schmollt/manipuliert/trotzt usw. ...?"

Wenn Klienten ernst um eine Strategie bitten, eine Hilfe in punkto besserer Umgang mit anderen wünschen, keine Spielchen machen und sich nicht „Dumm-stellen", keine neurotischen Ausweichmanöver zeigen, sondern einfach den guten Tipp eines Experten wünschen, dann braucht es mehr als nur ein „Rum-Prosteln". Dann bin ich als Kommunikations-Experte gefordert!

Ich kann das ja verstehen. Da kommt jemand zu mir, einem Psychologen (oder Psychotherapeuten) in der Hoffnung einen Experten für schwierige zwischenmenschliche Kommunikations-Situationen vor sich zu haben. Und da soll ich dann keinen Rat geben, nur so herum provozieren und mich vor einer fundierten Antwort drücken?

Was der Klient will ist eine kompetente Antwort, die ihn wirklich weiter bringt. Er will einen Tipp bekommen um eine entscheidend wichtige Situation seines Lebens zu meistern. Er will wissen, wie er in solche Zwickmühlen geraten ist und was er üben muss, um seine Würde, seine Integrität und seine Interessen besser zu wahren!

Ich sehe das als ein legitimes Ansinnen. Das waren die Momente, wo mir klar wurde, wo die Grenzen des „ProSt" liegen und warum er keine Therapie und auch keine hinreichende Beratung, sondern schlicht ein Kommunikations-Stil ist.

Mit „ProSt" kann man wunderbar die vielen Auswege und Schlupflöcher verstopfen, welche die Menschen nunmal gerne verwenden um sich vor Herausforderungen zu drücken. Sobald dieser Mensch aber bereit ist dazuzulernen, ist das Provozieren eher hinderlich und umständlich. Wie der Name „Provozieren" schon sagt, geht es dabei in erster Linie darum, jemandes Motivation zu wecken, zu stärken und Ausweichmanöver bloß zu legen um sie schließlich zu überwinden.

Was bringt einen Menschen in Therapie oder in ein Coaching? Es sind nur selten die Ausweichmanöver allein. Den meisten ist ja nicht einmal bewusst, dass sie von „Wachstumsbremsen" blockiert werden! Was die Menschen antreibt Hilfe zu suchen, sind fast immer Probleme, die sie mit anderen Menschen haben und die Hoffnung auf deren Lösung. In der Regel sind das ernsthafte Konflikte mit anderen oder verfahrene Situationen aufgrund gescheiterter Kommunikation, die sich verschärft haben (manchmal bis zum „Rosenkrieg"). Sicher kann man da auch hin und wieder mal eine provokative Methode einsetzen – nur, reicht das?

In vielen Fällen reicht es eben nicht und manchmal verschärft das Provozieren die Situation noch mehr, vor allem, wenn der andere gerade Achtung und Wertschätzung bräuchte und im Moment keinen Spaß versteht. Vor allem in der Partnerschaft musste ich oft schmerzhaft einsehen, dass ich mich in der Wahl der Mittel vergriffen hatte. Ich konnte damals nicht verstehen, warum diese Art von Kommunikation, die zwischen Männer so gut half Schwierigkeiten aus dem Weg zu räumen, zwischen Mann und Frau so gründlich versagte!

Wie so oft war auch in diesem Fall das Scheitern ein Segen, da es mir langsam dämmerte: Es musste zum (männlich-orientierten) provokativen Stil auch einen weiblichen Stil der Einflussnahme geben. Diese Erkenntnis führte mich zur vierten Ebene der Einflussnahme, der hypnotisch-suggestiven Ebene und damit zum MagSt, dem **Mag**ischen Umgangs-**St**il.

Diese Umgangsweise setzt flexibel alle vier Ebenen der Einflussnahme ein um das zwischenmenschliche Geschehen konstruktiver und produktiver zu gestalten. Es dauerte zwar noch zehn Jahre bis alle Erkenntnisse soweit gereift waren, dass ich sie in einem Buch darlegen konnte, aber „gut Ding will Weile haben" gilt eben auch in diesem Bereich.

Mit dem reichen Schatz an Methoden, den alle vier Ebenen der Einflussnahme bieten, zeichnen sich sogar Möglichkeiten ab, wie die Probleme einer Bevölkerung, die immer mehr in Richtung Vereinzelung und Vertrauensverlust geht, zu lösen wären. Mit der Anwendung des MagSt-Wissens könnte wieder mehr Gemeinschafts- statt Konkurrenz- und Knappheitsdenken gefördert werden, was uns die kommenden Herausforderungen leichter meistern ließe.

Wir würden uns freuen, wenn Du mit dabei wärst!

Anhang

Die DVD zum intensiven Selberlernen des ProSt

Das ProSt 1x1-Lexikon mit allen ProSt-Konzepten und Erklärungen wird optimal ergänzt durch die Lehr- und Lern-DVD „Best of Frank Farrelly". Die sieben Demonstrationen werden von Hans-Ulrich Schachtner kommentiert. Diese DVD liefert eine praktische Umsetzung in Beispiel und Detail. Beides zusammen ist der wohl schnellste Einstieg in die Domäne des „Provokativen Stils" der Ihnen ungeahnte neue Wege eröffnet auf andere hilfreich einzuwirken. Mit Lachen und Lockerheit Blockaden überwinden!

ProSt-Buch für Anfänger

Eleonore Höfner/ Hans-Ulrich Schachtner:

Das wäre doch gelacht! *Humor und Herausforderung in der Therapie.* Der Longseller des Provokativen Stils im Rowohlt-Verlag (Infos in www.MagSt.info). Dieses Buch ist auch eine gute Vorbereitung für den Nachfolger „Frech, aber unwiderstehlich. Der Magische KommunikationsStil: Mehr Charme, Witz und Weisheit im Alltag, Beruf und in der Partnerschaft" vom MagSt-Begründer, Hans-Ulrich Schachtner.

SELBSTTHERAPIE-Buch und

Buch zum Magischen UmgangsStil für Therapeuten, Coaches, Berater

Schachtner Hans-Ulrich:

Frech, aber unwiderstehlich! *Der Magische KommunikationsStil: Mehr Charme, Witz und Weisheit im Alltag, Beruf und in der Liebe!* Es handelt sich hier um ein Lebensbegleitbuch zum Selbsterlernen des Magischen UmgangsStils (erstmalig erschienen 2006). Dieses Buch ist auch ein viel geschätztes Selbsttherapie-Buch. In www.Amazon.de finden Sie aussagekräftige Rezensionen dazu. In www.MagSt.info finden Sie weitere Informationen. Sie können auch kostenlos 30 Seiten Leseprobe anfordern per Mail: info@MagSt.info.

Dieses Selbsttherapie-Buch gibt es in verschiedenen Ausführungen. Zum einen mit unterschiedlichem Cover und zum anderem mit verschiedenen Titeln wie zum Beispiel:

„Das Geheimnis heilsamer Kommunikation".

Professoren und andere Akademiker wünschen sich das Selbsttherapiebuch z.B. so:

Emanzipierte Frauen bevorzugen lieber folgendes Cover:

HörbuchCD zur Erhöhung Ihrer Bewusstheit

Schachtner Hans-Ulrich:

DIE ROTE KARTE (gegen Manipulation). *Du bist durchschaut! Das Geheimnis der sechs Klingelknöpfe.*

Erkennen von Fremdsteuerung und Manipulationsversuchen. Hörbuch-CD (Infos in www.MagSt.info und Auszug in YouTube).

Buch zur Steigerung Ihres beraterischen Einflusses

Schachtner Hans-Ulrich:

Was gilt das Wort des Beraters? *Glaubwürdigkeit. Am Steuer bleiben. Unvoraussagbarkeit.*

Ein kleiner Ratgeber für ProSt-Anwender, Coaches, Therapeuten und allen, für deren Arbeit es wichtig ist, gehört, geachtet und ernst genommen zu werden.

Magische Kommunikation: Hans-Ulrich Schachtner

„Das Geheimnis heilsamer Kommunikation mit MagSt"

Magischer UmgangsStil (DVD 1 Stunde)

Hypnotische Kommunikation: Dr. Milton Erickson

„Milton Erickson live" (DVD-Paket, 15 Stunden)

Wenn Sie selbst HypnotherapeutIn, PsychotherapeutIn, HeilpraktikerIn, TherapeutIn bzw Coach oder NLP-Trainerin sind und Ihre Hypnotherapiekenntnisse vertiefen möchten, dann haben Sie nun hiermit die Gelegenheit den Meister zuhause auf Video zu studieren und Ihre eigenen Erkenntnisse daraus zu ziehen.

Es gibt jetzt – nach 34 Jahren! – zum ersten Mal das von Dipl.Psych. Hans-Ulrich Schachtner 1977 aufgezeichnete 15 Stunden-Seminar von Dr. Milton Erickson (in dessen Praxis in Phoenix). Dieses DVD-Paket ist nicht im Handel erhältlich, sondern nur direkt (vom HarmonyBalance-Verlag) beziehbar über info@MagSt.info. Informationen zum DVD-Paket finden Sie in www.MagSt.info.

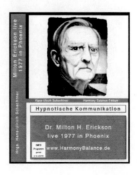

Für bessere Beziehungen und Konfliktlösung

Schachtner Hans-Ulrich und Elisabeth Eberhard:

30 Geheimnisse des begehrenswerten Mannes! Wie er SIE für sich gewinnt, an sich gewöhnt und trotz allem geniesst! (Infos: www.HarmonyBalance.de).

Elisabeth Eberhard und Schachtner Hans-Ulrich:

30 Geheimnisse weiblicher Macht! Wie SIE ihn rumbekommt, hochbekommt und wieder kleinbekommt!

Elisabeth Eberhard und Hans-Ulrich Schachtner:

Wenn Dich der Partner schafft, dann ist das Partnerschaft!
Die KabarettDVD zur Partnerschaftsoptimierung

Auf dieser DVD erleben Sie, wie förderlich und herausfordernd die Frau/ Mann-Beziehung sein kann. Die DVD besteht aus 3 Teilen: 1) Ein Hausmann plaudert aus dem Nähkästchen. 2) Ein vergnüglicher Abend. 3) Das Partnerschafts-Seminar.

Weitere Informationen in www.Partneroptimieren.de. Die DVD ist bestellbar über www.HarmonyBalance.de Seite: Produkte.

Elisabeth Eberhard:

Liebloser Umgang im Alltag, Beruf und in der Liebe kann manchmal zu Kopfschmerzen, Migräne und zu Rückenschmerzen führen. Die folgenden Selbsthilfe-Bücher dienen zum kostengünstigen, schnellen und leichten Selbsterlernen der von Elisabeth Eberhard entwickelten energetischen und vielfach erfolgreich erprobten Selbstheilweisen. Alle folgenden Bücher sind auch bei Amazon und in Buchhandlungen erhältlich.

Erfolgreiches Klopfen für Selbstanwender leicht gemacht: Mit EE-Klopfen in 3 Min. Ruhe, Gelassenheit und Wohlgefühl. Emotionale und körperliche Schmerzen erfolgreich behandeln. Entscheidende Erkenntnisse im Selbstheilungsbereich.

Frei von Kopfschmerzen und Migräne durch heilsames EE-Klopfen und ELI-Streicheln.

Frei von Rückenschmerzen durch heilsames EE-Klopfen und ELI-Streicheln.

Geschenke für Sie

Von Elisabeth Eberhard bekommen Sie auf Wunsch kostenlos die „GRÜNE KARTE: Du bist Dein Selbstheiler und Wunscherfüller!". Und von Hans-Ulrich Schachtner gibt es zur Steigerung Ihrer Bewusstheit und dem Erkennen von Fremdbeeinflussung die „ROTE KARTE. Du bist durchschaut. Das Geheimnis der 6 Klingelknöpfe".

Wenn Sie mehr zur „ROTEN KARTE" wissen möchten, können Sie in You Tube einen Auszug aus der HörbuchCD finden. Einen längeren Text zur „ROTEN KARTE" gibt es auf www.MagSt.info.

Beide Karten dienen zur Steigerung Ihrer Bewusstheit. Sie erhalten diese, wenn Sie einen frankierten Briefumschlag zusenden. Wir wünschen Ihnen ein selbstbestimmtes, glückliches und erfülltes Leben zum Wohle der Gemeinschaftsförderung.

„Behüt Dich Gott" („Pfia de God"),
wie wir in Bayern zu sagen pflegen.

Elisabeth Eberhard
Hans-Ulrich Schachtner
Gutshof „FEHN"
Fehn am Bach
83734 Agatharied

www.Elisabeth-Eberhard.de   www.MagSt.info

info@Elisabeth-Eberhard.de   info@MagSt.info

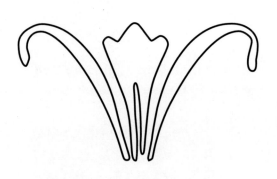